ZIYOUSHI SHUAIJIAO YUNDONG JIAOCHENG

自由式摔跤运动教程

蔡海生 著

河南大学出版社
HENAN UNIVERSITY PRESS
·郑州·

图书在版编目（CIP）数据

自由式摔跤运动教程 / 蔡海生著. -- 郑州 : 河南大学出版社, 2024. 10. -- ISBN 978-7-5649-6122-0

Ⅰ. G886.2

中国国家版本馆 CIP 数据核字第 20245KL776 号

责任编辑 陈 巧

责任校对 林方丽

封面设计 郭 灿

出版发行 河南大学出版社

地址：郑州市郑东新区商务外环中华大厦2401号

邮编：450046

电话：0371-86059750（高等教育与职业教育出版分社）

0371-86059701（营销部）

网址：hupress.henu.edu.cn

排 版 河南大学出版社设计排版部

印 刷 广东虎彩云印刷有限公司

版 次 2024年10月第1版 **印 次** 2024年10月第1次印刷

开 本 787 mm×1092 mm 1/16 **印 张** 9.5

字 数 180千字 **定 价** 38.00 元

序

体育是国家强盛的重要标志，也是民族振兴的重要支撑。获悉《自由式摔跤运动教程》即将出版，我十分欣慰。摔跤运动历史悠久，作为人类体育运动的重要组成部分，其经过不断发展，已成为一项现代竞技体育项目，并且是奥林匹克运动会的比赛项目之一。它是社会政治、经济、文化发展到一定阶段的产物，凝聚了世界各国民族的智慧和文化精华。

摔跤运动的发展，离不开教材的不断更新，教材是实现课程目标和反映课程内容的重要载体，也是学科建设的重要环节。随着体育科学的日益发展，现代摔跤运动中涌现出许多新观点、新技术，以及教学与训练的新方法。这些新内容需要在摔跤教材中及时得到反映，这是摔跤运动发展的需要。

蔡海生作为河南省摔跤协会副秘书长，多年来接受系统的摔跤专业训练，技术精湛。他长期奋战在专业体育院校摔跤教学的第一线，在总结教学与训练工作经验的基础上，勇于探索、力求创新，编写出了独具特色、别具一格的《自由式摔跤运动教程》一书。该书是摔跤教材建设的一个新起点。它的出版不仅有助于摔跤运动的进一步开展，而且对推动摔跤相关人员教学与训练水平的提高、实现摔跤运动的蓬勃发展必将起到积极的促进作用。

希望各位同人共同努力，为提高我国摔跤运动水平和增强其世界竞争力而不懈奋斗！

本书的出版，可贺！可荐！

辽宁省自由式摔跤队主教练

自由式摔跤亚洲冠军

前　言

《自由式摔跤运动教程》是依据新时代学校体育教材建设的总体目标编写的，全面贯彻党的教育方针，以立德树人为根本，致力于培养德、智、体、美、劳全面发展的社会主义建设者和接班人。教材遵循学生身心发展规律，传承与弘扬中华体育精神、爱国主义精神，围绕课程目标和摔跤运动特点，旨在更好地推广与发展摔跤运动项目，加强摔跤运动课程和教材体系建设。

摔跤运动历史悠久，是一项深受各族人民喜爱的体育项目。在发展体育运动、增强人民体质和建设体育强国的时代背景下，摔跤运动不断发展，促进了群众体育和竞技体育的全面进步。越来越多的高校开展了摔跤课程教学，摔跤已成为高校运动训练专业的主要方向之一，也是该专业的重要组成部分。如何编写出符合新时代高校课程需求和学生身心成长规律的高质量教材，以更好地促进高校摔跤教学的发展，是当前值得深入研究的重要课题。

现有的教材已难以满足新时代摔跤专业学生的教学与训练需求，本教材知识建构更加系统，着重于提升学生的专业素质和增强其实践能力。本教材历时三年编写而成，编者结合从教十五年来的教学经验，对发现的问题进行归纳和整理，并潜心研究提出改进方案。本教材内容丰富，知识性强，技术全面，并采用图片与视频相结合的形式，全面反映了我国摔跤教学与训练的理论与实践，更加契合高校摔跤教学的实际需求。

本书在编写过程中，得到了河南省体育局重竞技航空运动中心、河南体育学院以及河南大学出版社的大力支持和热情帮助，在此谨致谢意。同时，也感谢国家自由式摔跤青年队教练组成员、河南省自由式摔跤队主教练陆秉权（高级教练），国家古典式摔跤队原教练组成员、河南省古典式摔跤队主教练韩洪涛（国家级教练），国际级摔跤裁判员、全国国际式摔跤比赛技术代表蔡伟献，辽宁省自由式摔跤队主教练王赢（高级教练），河南省古典式摔跤队教练江涛（高级教练），以及侯胜川教授、胡玉玺教授、郭玉江教授、申国卿教授、杨应威副教授等专家的专业建议和指导。

本教材适用于专业体育院校、师范院校、综合性大学运动训练专业摔跤专项本科生和专科生的教学，也可作为广大摔跤运动员、教练员、裁判员学习的专业参考书籍。

本教材的图片动作示范与教学视频演示由蔡海生、张桂珍、陈澳迎、马金恒、崔浩等同志完成，摄像与制图由郭维蒂负责，最后由蔡海生统稿。

新时代体育学科及体育课程都在不断发展，摔跤教材如何适应时代发展要求，需要在实践中不断探索。期待各位同人和广大师生对本教材提出宝贵意见。

目　　录

第一章

摔跤运动概述

第一节　摔跤基本概念

摔跤是一项竞技体育运动，它遵循一定的规则，由两人徒手直接接触，互相抓握或搂抱，使用各种摔跤技法将对方摔倒，使其双肩着地或通过比分战胜对手。

摔跤是奥运会比赛项目之一。摔跤包括古典式摔跤、自由式摔跤、中国式摔跤、柔道等多种形式。在国际正式比赛中，古典式摔跤、自由式摔跤和柔道是主要的正式比赛项目。在中国，中国式摔跤、自由式摔跤、古典式摔跤和柔道也被列为正式比赛项目。

古典式摔跤和自由式摔跤又称国际式摔跤，二者有许多相似之处，主要区别在于动作使用部位。古典式摔跤仅允许用手臂握住对方的头、颈、躯干和上肢，禁止握抱下肢和用腿使绊；而自由式摔跤更加灵活，不仅可以使用古典式摔跤的动作，还可以抱腿和用腿使绊。

中国式摔跤与古典式摔跤、自由式摔跤的主要区别在于比赛中的抓握和动作使用。中国式摔跤只能站立进行，摔倒后须立即松手。古典式摔跤和自由式摔跤则允许摔倒后继续进行跪撑角斗。

摔跤是人类本能运动的一种表现形式。古希腊人非常崇尚摔跤运动，相传，神话中的英雄捷谢伊——雅典民主的奠基人，从雅典娜女神那里学到了摔跤规则，从而推动了摔跤运动的发展。当时，摔跤被认为是最完善、最完美、最全面、最协调的运动，是所有体育运动的结晶。许多著名的哲学家、诗人和军事将领都是摔跤高手，如哲学家柏拉图就是当时的摔跤名家。

第二节　摔跤运动的产生与发展

摔跤运动历史悠久，源远流长。在原始社会，人类为了生存，利用自身的力量和技巧获取食物，进行自卫，古代摔跤由此产生。随着社会的发展，部落之间、国家之间的争夺与战争频繁发生，人们逐渐认识到，为了生存和自卫，必须掌握各种技能，而摔跤成为重要的学习内容。摔跤的特点是实用性强，目的是以最有效的方法制服对方，使其失去反抗能力。由于摔跤简单易学，各种形式的摔跤比赛应运而生，摔跤运动也因此成为世界上最古老的竞技体育项目之一。

据文献记载，公元前708年，第18届古代奥运会将摔跤列为正式比赛项目。当时的摔跤比赛在沙土地上进行，规则较为简单：比赛不分体重级别，不受时间限制。如果比赛时间过长，允许双方运动员站着或蹲下休息，之后继续比赛，直至决出胜负。规则还规定禁止使用拳头击打对方，每场比赛以三跤为胜，只要把对方摔倒使其身体的某一部分着地就算赢一跤。比赛采用淘汰制，赛前通过抽签将参赛运动员分成对战双方，输者被淘汰，胜者继续比赛，直至决出最后的获胜者。

比赛前，运动员全身涂抹橄榄油，据说是为了滋润皮肤，防止被烈日晒伤。比赛结束后，用金属或骨制刮刀刮去身上的油污和泥土。比赛中，运动员常用的技术包括推、拉、搂、抱、绊等，其中抱腿是最受欢迎的技术之一。古希腊人认为，摔跤不仅是科学，也是艺术，不仅要求战胜对手，动作还必须优美。

为了在古代奥运会中获胜，运动员需要进行专门的摔跤训练。训练时，先在训练场上洒水，再铺上一层细土，使身体沾上泥土后打滑，增加抓握难度，从而提高运动员的摔跤技术。同时，这样的场地也能降低运动员摔倒时的受伤风险。

随着人类社会的发展和时代的变迁，古典式摔跤和自由式摔跤先后形成。古典式摔跤的形成与罗马人征服希腊密切相关。罗马人在征服希腊后，积极推广希腊的摔跤运动，形成了希腊罗马式摔跤。这一运动在希腊的不断发展以及在欧洲其他国家的推广，对古典式摔跤的形成起到了重要的促进作用。18世纪末至19世纪初，古典式摔跤在法国盛行。法国的一些爱好者组织了职业摔跤班子，到各地巡回表演和教授技术，古典式摔跤由此不断发展。古典式摔跤比赛禁止抓对方衣服，一般用手臂握抱对手的头颈部、躯干和上肢。比赛禁止抓抱对方下肢、用腿使绊，也不允许使用反关节或使对手窒息的动作。比赛从站立姿势开始，摔倒后可以在垫子上继续角斗，若把对手摔倒并使其双肩着垫则为获胜。

1892年，法国举行了第1届世界古典式摔跤锦标赛。1896年，第1届现代奥运会在希腊雅典举行，古典式摔跤被列为正式比赛项目。

自由式摔跤兴起于18世纪末的欧洲。这种摔跤形式不仅可以使用古典式摔跤的动作，还可以抱腿和用腿使绊，但同样禁止使用反关节或使对手窒息的动作。由于这种摔跤形式比古典式摔跤更自由，因此被称为自由式摔跤。19世纪，英国人制定了较为明确的自由式摔跤规则，自由式摔跤最终在英国定型。1904年，第3届奥运会在美国圣路易斯举行，自由式摔跤被正式列为比赛项目。

随着奥运会影响力的不断扩大，女子体育运动在各个领域也不断发展。过去被视为女子体育运动禁区的许多项目，包括女子摔跤，逐渐得以开展。1984年，国际摔跤联合会承认女子摔跤运动，但女子摔跤仅设立自由式摔跤一项，其规则与男子自由式摔跤基本一致。1989年8月，第1届世界女子摔跤锦标赛在瑞士举办。此后，女子摔跤每年举办一届世界锦标赛，直到2004年希腊雅典奥运会，女子摔跤才被正式列为奥运会比赛项目。为了推动女子摔跤进入奥运会，国际摔跤联合会做了大量工作，主要手段是减少男子摔跤的级别。2000年悉尼奥运会时，古典式摔跤和自由式摔跤各有8个级别，后来各压缩至7个级别，这才使女子摔跤得以进入奥运会大家庭。如今，奥运会古典式摔跤、自由式摔跤和女子摔跤均为6个级别的比赛。

在第1届奥运会摔跤比赛中，选手不论体重大小，都在一起比赛，体重较重的选手因此具有明显优势，常常出现“大块头”选手轻易战胜体重轻的选手的情况。1904年，在美国圣路易斯举行的第3届奥运会上，摔跤比赛开始按体重分级别进行。

最早的摔跤比赛没有时间限制，比赛直至一方选手双肩着地才结束，一场比赛往往持续数小时，有时双方运动员累得连站立都困难，仍无法决出胜负。1912年，在瑞典斯德哥尔摩举行的第5届奥运会上，古典式摔跤75公斤级比赛中，爱沙尼亚运动员马丁·克林与芬兰运动员埃尔弗雷德·埃斯凯南对阵，两人实力相当，比赛时间长达11小时40分钟。这种持久战不仅使比赛显得冗长乏味，还影响了运动员水平的发挥。1920年，在比利时安特卫普举行的第7届奥运会上，摔跤比赛开始有了时间限制。此后，比赛时间从每场40分钟逐渐减少到20分钟、15分钟、12分钟、10分钟、9分钟、6分钟，现在每场比赛已缩短为每局3分钟，共两局，中间休息30秒。

长期以来，摔跤竞赛规则经历了多次改革和变化，其发展趋势包括比赛时间不断缩短，体重级别划分更加细致，对消极比赛的限制越来越严格，胜负判断标准不断改进，场地、器材和设备日益完善。这些不断的改革促使摔跤运动不断发展，也使摔跤比赛更加激烈和精彩。

第三节　我国摔跤运动的发展与主要成绩

中华人民共和国成立后，我国古典式摔跤和自由式摔跤在党和国家的关怀下逐步开展。

1954年5月20日，国际摔跤联合会在东京举行代表大会，接纳中国摔跤协会为正式成员。随后，北京体育学院及其他体育院校增设了摔跤课程，同时对古典式摔跤和自由式摔跤进行研究与探索，为我国开展国际式摔跤运动奠定了基础。

1955年，北京体育学院（时名中央体育学院）教师王德英翻译了苏联关于古典式摔跤和自由式摔跤的书籍，以及国际摔跤联合会制定的英文与法文摔跤规则。王德英与曾希廉老师以及在北京体育学院学习中国式摔跤的学生一起，探索和研究古典式摔跤与自由式摔跤的技术与规则。

1956年，北京体育学院师生在全国中国式摔跤锦标赛上进行了古典式摔跤和自由式摔跤的表演，简单介绍了基本动作、主要攻守技术与规则，迈出了我国开展这两项运动的第一步。

1957年，北京体育学院师生与印度运动员一同前往莫斯科参加第三届国际青年友谊运动会。在自由式摔跤比赛中，我国选手与外国运动员共同练习，交流技术，开阔了眼界。

1958年，为广泛开展古典式摔跤和自由式摔跤运动，国家体委在北京体育学院举办了首届“国际式摔跤教练员训练班”，来自14个省市和6所体育学院的人员参加了学习。训练班系统地教授了古典式摔跤和自由式摔跤的基本技术、战术、教学训练方法、规则和裁判法。北京体育学院竞技教研室编写并印发了《摔跤参考材料》。此次训练班为我国培养第一批古典式摔跤和自由式摔跤教练员和运动员打下了坚实的基础。同年，人民体育出版社出版发行了王德英编译的《国际摔跤》一书，向全国介绍了古典式摔跤和自由式摔跤，使爱好者在理论上对这两项运动有了初步认识，为技术研究奠定了理论基础。

1959年，第一届全国古典式摔跤和自由式摔跤锦标赛在上海举行，共有22个省、自治区、直辖市的295名运动员参赛。在这次比赛中，古典式摔跤运动员章守律、陈福德、朴镇英、其木德等，以及自由式摔跤运动员林冬明、王汉亭、王德英、金洙泰、赛力克等，成为我国第一批荣获古典式摔跤和自由式摔跤运动健将称号的选手。同年，我国首次迎战来访的世界劲旅苏联白俄罗斯摔跤队，苏联队在比赛中展示了最新的技术、战术及比赛规则，对我国开展古典式摔跤和自由式摔跤运动起到了很大帮助。随后，古典式摔跤和自由式摔跤被列为第一届中华人民共和国运动会的表演项目。

1960年，全国古典式摔跤和自由式摔跤锦标赛在武汉举行后，因自然灾害，全国比赛暂停。

1963年，全国古典式摔跤和自由式摔跤比赛在呼和浩特举行，虽仅有4个省、自治区、直辖市的25名老将参赛，但这为我国古典式摔跤和自由式摔跤的第二次兴起做好了准备。

1964年，全国古典式摔跤和自由式摔跤锦标赛在合肥举行，共有10个省、自治区、直辖市的80名运动员参赛。这次比赛不仅让老将恢复了体力、熟悉了技术，还涌现出一批新秀。同年，我国迎战亚洲强队——印度尼西亚队，尽管我国中断训练两年多，但仍以较大优势取胜。

1965年，古典式摔跤和自由式摔跤被列为第二届中华人民共和国运动会的正式比赛项目。此后，一大批优秀摔跤健儿涌现，标志着古典式摔跤和自由式摔跤在我国的兴起。

1966年，我国与日本队进行对抗赛，古典式摔跤我国略占优势，自由式摔跤稍逊一筹。同年，我国选手蒋运启荣获亚新会古典式摔跤中量级冠军。

1978年，我国摔跤运动员首次参加亚运会。在泰国曼谷举行的第8届亚运会上，经过短短一年的训练，我国选手高京获自由式摔跤90公斤级季军，为中国夺得了第一枚亚运会自由式摔跤奖牌。随后，我国聘请了当时亚摔联主席、伊朗专家哈米提来京讲学，还聘请了伊朗教练员都思特来帮助集训队训练。

为了提高我国古典式摔跤和自由式摔跤的水平，尽快缩小与世界先进国家的差距，国家体委和各地体委采取了“请进来、走出去”的办法，先后邀请了朝鲜、苏联、韩国、法国、伊朗、哈萨克斯坦等国家的教练员来华讲学或训练我国运动员，同时，我国也派出教练员和运动员到国外学习、训练，这对提高我国古典式摔跤和自由式摔跤的水平起到了重要作用。1984年，我国首次参加奥运会摔跤比赛，呼日查和高文和分别荣获古典式52公斤级和自由式48公斤级第4名。

为了适应国际比赛，国家体委多次派我国裁判员参加晋升国际级裁判员的考试，并鼓励他们出国参加国际比赛的裁判工作。我国国际特级裁判员沈志刚在1992年巴塞罗那奥运会上荣获金哨奖。

为了提高教练员和运动员的理论与训练水平，我国相继出版了《古典式、自由式摔跤》（张连强编著）、《古典式自由式摔跤》（黄斌编著）、《现代摔跤与训练》（张连强、马忠义编著）、《摔跤》（张霞、黄斌编著）、《古典式、自由式摔跤》（中国国家体育总局编、宋兆年主编）等图书。同时，多次举办了各种级别的教练员岗位培训班，这对提高我国教练员的理论与训练水平起到了良好作用。

举国体制是我国摔跤项目发展的重要因素。随着我国竞技体育的蓬勃发展，摔跤项目在国内也呈现出蓬勃发展的态势。其中，最具代表性的人物是安徽籍摔跤运动员盛泽田，他在1992年巴塞罗那奥运会、1996年亚特兰大奥运会和2000年悉尼奥运会上均获得季军，捍卫了中国摔跤在国际跤坛的地位。2004年雅典奥运会，王旭获得女子自由式摔跤72公斤级冠军；2008年北京奥运会，王娇获得女子自由式摔跤72公斤级冠军，常永祥获得男子古典式摔跤74公斤级亚军；2012年伦敦奥运会，景瑞雪获得女子自由式摔跤63公斤级亚军；2016年里约奥运会，孙亚楠获得女子自由式摔跤48公斤级季军；2020年东京奥运会，孙亚楠和庞倩玉分别获得女子自由式摔跤50公斤级和53公斤级亚军，瓦里汗获得男子古典式摔跤60公斤级季军；2024年巴黎奥运会，曹利国获得男子古典式摔跤60公斤级亚军，孟令哲获得男子古典式摔跤130公斤级季军，冯紫琪获得女子自由式摔跤50公斤级季军，庞倩玉获得女子自由式摔跤53公斤级季军，洪可新获得女子自由式摔跤57公斤级季军。近年来，我国摔跤项目实现了历史性突破。

国家体育总局举重摔跤柔道运动管理中心和中国摔跤协会倡导的“个人项目、集体智慧、团体作战”的精神，从理论上为探索摔跤项目的竞技制胜规律和本质特征奠定了基础；从实践上，涌现出一批优秀的运动员、教练员、裁判员和科研人员。中国摔跤队充分发挥举国体制的优势，在奥运会、亚运会、全运会等赛事中为国家和各省争得了荣誉。

第四节　摔跤运动的种类与作用

一、摔跤运动的种类

摔跤运动的种类繁多。据不完全统计，世界各民族开展的摔跤活动有几十种之多。根据运动员的比赛服装、允许使用的动作以及决定胜负的标准等特点，摔跤运动通常被分为四大类：

- 只准用手搂抱对方腰部以上部位，但不准用腿使绊，也不准抓握下肢，采用站立和跪撑式进行比赛，如古典式摔跤。
- 手脚均可使绊，采用站立和跪撑式进行比赛，如自由式摔跤。
- 手脚均可使绊，采用站立式进行比赛，如中国式摔跤。
- 手脚均可使绊，并且允许运用反关节动作，采用站立和跪撑式进行比赛，如桑搏、柔道。

二、摔跤运动的作用

1. 能够提升人的意志品质

摔跤训练是一个循序渐进的过程。初学摔跤时，练习者需要忍受拉伸韧带的痛苦，而技术练习往往单调且乏味。然而，要想熟练掌握摔跤技术，就必须经过无数次的重复练习。在摔跤训练的每个阶段和每个层次，都会对人的意志品质提出不同要求。运动员需要具备勇敢顽强、坚韧不拔的意志品质，以及为国家和集体荣誉而拼搏的精神。

赛前控制体重对运动员来说是一个严峻的考验，意志薄弱的人很难承受。高强度、大运动量的训练，只有具备坚强意志的运动员才能适应。在比赛中，当比分落后时，更需要运动员有顽强的毅力坚持到底，争取主动。在日常练习中，强调队员之间要互相配合、团结友爱，以此培养运动员的团队精神和协作能力。在比赛中，只有那些敢于拼搏、勇于冒险、永不言败的人才有可能登上冠军领奖台。因此，摔跤运动对提高人的意志品质具有重要的现实意义。

2. 能够促进身体全面发展

摔跤是一项两人对抗的运动，双方用力抓握对方，同时用腿部力量进行绊摔。在紧密的身体接触和对抗中，运动员需要运用力量和摔跤技巧。摔跤运动员的肌肉通常特别发达，身体灵巧、敏捷，具有良好的协调性和柔软性。由于摔跤比赛异常紧张、激烈，休息时间短，这对运动员的生理和心理素质提出了较高的要求。因此，练习摔跤能够促进身体的全面发展。

3. 能够提高人的自卫能力

摔跤运动是力量、技巧、智慧和勇气的较量，对抗性强，人体的各个关节和肌肉几乎都参与运动。经常参加摔跤运动，不仅能强身健体，还能促使人体骨骼和肌肉更加发达。摔跤运动需要迅速敏捷的反应，这必然加快神经活动的过程，增强反应能力，从而提高神经系统的调节能力和机能的稳定性。摔跤人员通过巧妙的方法和最快的速度将对方摔倒，在关键时刻不仅可以摆脱对方的进攻，还可以控制对方使其处于被动，甚至将其击败或捕获，从而达到保护自己的目的。因此，摔跤训练对公安干警和边防官兵防卫能力的培养具有特殊作用。

4. 作为一种军事训练手段

摔跤作为一种军事训练科目，历史悠久。早在古希腊时期，奴隶主就把摔跤作为对青少年进行军事训练的项目之一。据考证，黄帝时期的军事训练中也有摔跤项目。南朝人撰写的《述异记》中提到，蚩尤部落擅长角抵，并用以战斗。清朝的历代皇帝都在禁卫军中设有善扑营，康熙皇帝就是通过训练善扑高手得以诛杀权臣鳌拜，从而稳固了江山。目前许多国家仍将摔跤训练作为军队、警察和特工人员的必修科目。

第二章

摔跤运动教学

第一节 教学思政——为党育人、为国育才

本课程的第一课，全体师生齐唱中华人民共和国国歌，以此歌颂伟大的祖国。唱国歌是一种富有意义的爱国主义教育形式，能够唤起人们内心深处对国家的热爱，激发大学生的民族自豪感。

当摔跤运动员登上最高领奖台，五星红旗升起，国歌奏响的那一刻，他们为祖国争光的自豪感油然而生。雄壮有力的国歌声使他们联想到革命先辈抛头颅、洒热血，前赴后继、勇往直前的革命岁月，深刻认识到今天的幸福生活来之不易，从而更加珍惜时间，努力学习。通过唱国歌，同学们能够更加热爱伟大的祖国，明确为实现中华民族伟大复兴的中国梦而读书的使命，为全面建成社会主义现代化强国而努力奋斗，为祖国更加美好的明天添砖加瓦。

第二节 概述

一、基本理论概述

摔跤运动的教学是一个教育过程，教学与训练是摔跤练习过程中的两个基本阶段。摔跤教学是在教师的指导下，学生掌握运动技能的过程，是从“不知到知”的阶段；而训练则是从“知之不多到知之较多”的阶段，通过不断练习，提高、完善和发展技能。这两个阶段既有区别，又是密切联系、不可分割的。因为摔跤教学过程离不开训练实践，而在训练过程中仍需不断学习新的理论知识。在摔跤教学过程中，教师应充分发挥主导作用，遵循摔跤动作技能形成的规律，使教学工作顺利进行。通过系统的摔跤教学与训练，学生可以提高技战术水平和比赛能力，从而在比

赛中取得更好的成绩。

二、基本目的和任务

在摔跤教学过程中，教师会逐步帮助学生认识本教程的技术动作对全面锻炼身体、提高健康水平、增强身体素质的积极作用，以激发学生刻苦锻炼和自觉学习的精神。为此，在每学期开始的第一次摔跤专项课上，应向学生宣布教学内容、任务和要求，以及考核项目和标准。在各技战术教学单元和每节课中，也应使学生明确学习目的和任务。让学生掌握摔跤理论知识，初步具备摔跤运动的训练、竞赛、裁判和科研等基本能力，培养优良的思想道德品质以及勇猛顽强的意志和爱国主义精神。

三、合理安排教学顺序

在摔跤教学前，教师应深入了解学生各方面的具体情况，如身体健康状况和摔跤技术基础等。根据这些情况和教材特点，确定课程任务，合理选择教学方法，安排课程负荷和提出要求。同时，还应了解器材设备的数量与使用情况，以便根据实际情况，有针对性地确立教学任务，选择和安排教学内容和组织教法。教学中对摔跤的教学目标、教学进度、教学内容和教学方法的安排要坚持由易到难、由简到繁、循序渐进的原则。在摔跤技术教学中贯彻这一原则，摔跤动作教学顺序一般为：基本站立姿势—基本跪撑姿势—基本步法—基本手法—基本身法—接触部位—站立技术—跪撑技术—摔的方向—结束姿势—连接动作。

1. 从自我保护动作练起

教学时，先从基本的自我保护动作练起，逐步安排扣腿摔、冲抱腿、抱折等技术教学，后期再安排后倒背等转体技术教学。在单元教学中要注重理论学习。在安排教学进度时，要坚持由易到难的原则。在课程内容安排上，应在复习前一节课内容的基础上学习新内容。理论课的讲授内容要贴近学生的实际基础，深入浅出，易于理解；在技术课教学中，一般是先学简化的分解动作，对动作的规范性不做过高要求，随着学习的深入，逐渐达到技术动作的要求，最终实现技术动作的规范化。

2. 逐步提高学生的运动负荷

在教学中，学生的运动负荷量要适中。负荷量过小，人体得不到应有的锻炼，动作技术也难以掌握；负荷量过大，则会影响学生的健康和学习积极性。为了掌握运动技术，需要一定的练习数量，并在此基础上，注意练习的强度、密度和动作质量。在教学过程中，一定要在学生对原有负荷量适应的基础上，再逐步加大练习强度。

3. 巩固与提高相结合

为了使学生牢固掌握摔跤的基本知识、技术和技能，并在实践中加以应用，教学中应遵循生理学规律。学生掌握动作技术与技能是大脑皮层建立初步动力定型的结果，如果长期中断，动力定型将会消退，导致教学效果大打折扣。因此，在教学中，应合理安排，通过重复练习，使学生在理论和技术动作等方面逐步得到巩固。

第三节　技术教学阶段

摔跤教学阶段是教师实现教学任务的具体手段，其目的是有效地促进学生身体健康和全面发展，提高技战术能力、身体训练水平和运动成绩。教学阶段的划分应根据摔跤运动的教学目的、任务、教材特点、学生的实际情况以及场地条件等具体因素来确定。

在教学过程中，教师应充分发挥创造性，从实际出发，遵循学生的认识规律和动作技能形成的规律。在进行技术动作或战术方法教学时，还应遵循教学原则的基本要求和运动技能形成的理论，结合摔跤运动的特点，正确选择和运用教学方法与手段，以完成教学任务。

摔跤运动技能的形成分为三个阶段。教师应遵循动作技术形成的规律，根据各个阶段的不同特点，采用有效的教学方法并选择适当的练习手段，从而提高学生的摔跤动作技术质量。

一、初步对摔跤基本技术有所认识

1. 教学任务

初步掌握摔跤运动技术，粗略了解运动技术内容的结构。

2. 教学方法

（1）通过教师讲解、示范，教具模型演示，幻灯，电影，录像，挂图等方式进行教学。摔跤教学主要采用教师示范正确动作的方法。首先建立正确的技术动作表象，让学生了解整个动作过程，从而提高学生的学习兴趣，激发其自觉性和积极性。为了建立完整的示范动作概念，教师通常先做一次完整的示范动作，再根据技术动作的结构和要求进行重点示范，引导学生关注动作的关键环节。示范应与讲解紧密结合，可采用先做后讲或边讲边做的方式，使学生对技术要点、动作过程、规则和场地器材有所了解。

（2）通过练习，学生初步掌握技术动作。这一阶段的特点是动作较僵硬、不协调，容易出现多余动作。教师在教学时应以简洁明了的讲解和完整正确的示范为基础，让学生对所学技术有初步认识。教学中应安排足够的练习次数，以强化正确技术动作，预防错误动作的产生。如发现错误动作，应及时纠正，避免形成错误的动力定型。

二、掌握摔跤的基本技术

1. 教学任务

掌握摔跤的正确技术。

2. 教学方法

（1）通过完整和分解练习改进技术细节，逐步克服动作生硬和不协调的现象，使动作更加准确。

（2）多次重复完整技术练习，体会和加强各技术环节之间的连接，掌握正确的技术动作。这一阶段的特点是初步建立了动力定型，能够比较顺利、连贯地完成动作，但还不够巩固，多余动作和错误仍时有发生。此时，教师应采用启发式讲解和提问，讲解各技术细节之间的关系，指出学生错误动作产生的原因，并提出具体的纠正方法，对动作质量提出较高要求。由于需要进行大量的分解和完整练习，纠正错误动作，直至较正确地掌握动作技术，因此本阶段的教学时间通常比练习时间更长。

三、提高摔跤的基本技术

1. 教学任务

继续巩固已形成的动力定型，并根据个人特点进一步改进和完善技术动作，使其达到连贯自动化的程度，同时提高绝招在实战对抗中的运用能力。

2. 教学方法

（1）在配合情况下初步掌握正确的技术动作，并能够熟练运用。

（2）在实战条件下熟练掌握连接技术，并能够熟练运用。

（3）在实战对抗条件下提高绝招技术的运用能力和组合技术的运用能力。通过不同阶段的反复练习，动作技术形成牢固的动力定型，能够准确、熟练、省力、轻快地完成动作。

摔跤技术教学的三个基本阶段是根据动作技能形成的客观规律划分的。实际上，这三个阶段是一个统一的、相互联系的教学过程，彼此之间并无明显界限。在摔跤技术教学中，应根据教学任务、教学要求、教材难易程度、学生实际情况以及教学基本规律来确定教学方法。摔跤技术的教学方法主要有讲解教学法、直观法、示范教学法、完整教学法、分解教学法、语言法、组织练习法等。

第四节　教学安全与要求

一、教学安全

1. 具备良好合格的训练场地与设施

教学组织单位应具备良好且合格的训练场地与设施，以确保学生训练的安全和正规性。教师应时刻关注学生的安全，防止人为的有意伤害。有条件的学生可以办理意外伤害保险，以应对训练期间可能出现的意外受伤事故。

2. 反复练习正确的技术动作

在摔跤训练中，双方的对抗不可避免，因此训练馆内必须提供有效的保护措施。身体接触是摔跤训练的重要组成部分，练习者必须意识到其潜在风险。尽管训练时有控制，但仍可能意外受伤，如撞伤、扭伤或跌倒等。通过反复练习，巩固正确的技术动作，尽管过程枯燥，但这是必要的。安全始终是摔跤训练的核心组成部分。

二、教学要求

- 在摔跤垫子上，学生只准穿跤鞋。
- 迟到的学生必须请示教师，经允许后才能进入课堂。
- 学生应严格听从教师的命令。

• 在练习场地，学生不得佩戴珠宝首饰（如戒指、手镯和项链等）。

• 学生只能将自我防卫技巧用于保护自己或家庭成员。

• 学生应具备礼貌和集体意识，始终保持良好的表现。

• 训练开始时，学生应将换下的鞋子整齐放置在摔跤垫子边上。

• 学生的手指甲应保持清洁整齐。

• 迟到的学生应穿上训练服，在课堂后面等待，直到找到合适的时间并征得教师同意后，方可入场地上课。

• 学生应时刻保持一种相互尊重、相互关心的友好氛围。

第五节　摔跤运动比赛礼节

摔跤运动非常注重礼节。礼节不仅是一种外在的表现，更是一种内在精神的体现。对于摔跤学习者来说，最重要的是在内心深化对礼节的理解，在实践中正确遵守礼节规范。

摔跤运动员应讲礼貌、讲文明。比赛前，运动员须保持衣着整洁，刮净胡须，剪短指甲，避免在比赛中划伤对手。运动员必须在比赛服内穿内裤和护身，并准备一条毛巾，以便在比赛过程中擦拭汗水。入场后，当广播员介绍某位运动员时，该运动员应起立举手向观众示意。比赛开始前，运动员应主动与裁判员握手。裁判员检查服装、鞋子以及身上是否有汗后，双方运动员应互相握手。只有当裁判员鸣哨后，比赛才能正式开始。

比赛中，运动员应尊重裁判员，服从裁判员的判罚，听从裁判员的指挥，同时尊重并爱护对手。比赛结束后，双方运动员应主动与裁判员握手，然后互相握手，无论胜负，都应与对方教练员握手，以表达对教练员的敬意。

第三章

自由式摔跤运动专项基本功练习方法

第一节 自由式摔跤运动基本倒地法

1. 前倒

练习方法：两脚开立与肩同宽，双手打开向前屈肘至胸前，两腿下蹲，重心向前倒地，快倒地的同时双手向前支撑拍垫子。向前倒地时两腿伸直，接触地面时两肘微屈，腰背绷紧抬头。

动作要求：前倒时两脚尖与两小臂成一条线，双手掌成挖兜状，上肢身体直立抬头含胸，身体呈紧绷状态。

2. 后倒

练习方法：两脚开立与肩同宽，两腿下蹲，膝盖微屈，双手打开，两肘微屈，向后倒地，倒地时臀、腰、背依次着地，收紧下颏，双手拍垫子。

动作要求：倒地时头部抬起，收紧下颏，双手掌成挖兜状拍垫子。

3. 侧倒

练习方法：两脚开立与肩同宽，两腿下蹲膝盖微屈，右腿抬起，右手抬起，向右后方倒地，倒地时右臂前伸拍垫子，左手放于胸前侧面拍垫子。倒地时臀、腰、背右侧依次着地。

动作要求：倒地时头部抬起，收紧下颏，双手拍垫子。

4. 前滚翻

练习方法：两脚开立与肩同宽，两腿下蹲，膝盖微屈，双手打开撑垫，两肘微屈，额头着垫，收下颏，向前滚翻时，背、腰、臀依次着地向前滚翻，团身收腹双手抱两小腿站起。

动作要求：滚翻时低头，收紧下颏；双手支撑，团身向前滚翻。

5. 后滚翻

练习方法：两脚开立与肩同宽，两腿下蹲向后，膝盖微屈，双手打开，向前低头，收下颏，向后滚翻时双手举肩上撑垫，臀、腰、背依次着地向后滚翻双手撑肩推垫站起。

动作要求：后滚翻时低头，收紧下颏，团身向后滚翻。

6. 侧滚翻

练习方法：两脚开立与肩同宽，右脚上步下蹲，膝盖微屈，左手撑垫，右手背着垫，头部同时向左腋下翻滚，低头，收下颏，肩、背、腰、臀依次着地团身侧滚翻，起立时，左手拍垫子。

动作要求：滚翻时低头，收紧下颏。

7. 分腿前滚翻

练习方法：两脚开立与肩同宽，两腿下蹲，膝盖微屈，双手打开屈肘撑垫，低头，收下颏，向前分腿前滚翻，两脚蹬垫发力，背、腰、臀依次着地向前滚翻，身体过了垂直面时两腿分开，团身收腹，两脚着垫，双手撑垫站起。

动作要求：滚翻时低头，收紧下颏，双手支撑屈肘，团身向前分腿滚翻。

8. 分腿后滚翻

练习方法：两脚开立与肩同宽，两腿下蹲膝盖微屈，双手自然于髋部两侧，低头，收下颏，向后分腿后滚翻时，蹬垫发力双手上举于肩上，背、腰、臀依次着垫向后滚翻，身体过了垂直面时双手推垫站起。

动作要求：滚翻时低头，收紧下颏，双手支撑屈肘，团身向后分腿滚翻。

9. 前直前滚翻

练习方法：两脚开立与肩同宽，双手打开屈肘撑垫，低头，收下颏，向前直腿前滚翻时，两脚蹬垫发力，背、腰、臀依次着垫向前滚翻，身体过了垂直面时收腹两腿绷直，起来时双手在身体两侧撑垫推垫站起。

动作要求：滚翻时低头收紧下颏，滚翻时两脚蹬垫发力，团身向前直腿滚翻。

10. 后滚翻挺髋起

练习方法：两脚开立与肩同宽，两腿下蹲，双手自然于髋部两侧，低头，收下颏，头贴右肩或左肩，双手拍垫，向后滚翻，臀、腰、背、肩、胸、髋依次着垫挺髋后滚翻，双手推垫发力站起。

动作要求：收紧下颏时头要贴一侧肩，团身挺髋起。

11. 倒立前滚翻

练习方法：两脚开立与肩同宽，两腿微屈，双手臂平端前伸向下撑垫，低头，向前双手支撑倒立，背、腰、臀依次着垫向前滚翻，身体过了垂直面时收腹团身双手抱两小腿起。

动作要求：滚翻时低头；双手臂支撑，向前倒立团身前滚翻。

12. 侧手翻

练习方法：两脚开立与肩同宽，双臂伸直上举手掌打开，抬起左腿，绷直脚面，侧身，双手向前撑垫，两腿立直分开，侧手翻时身体成一条直线像车轮一样翻过站起。

动作要求：双手臂伸直，手掌撑垫，两腿直立分开，身体成一条直线。

13. 毽子

练习方法：两脚开立与肩同宽，双手平端前伸，抬起左腿，绷直脚面，侧身，向前撑垫，身体过了垂直面时空中转体，双手推垫发力，两脚并拢落垫站起。

动作要求：双手支撑，两腿同时在空中转体，落垫时两脚同时着垫。

14. 鱼跃

练习方法：两脚开立与肩同宽，下蹲屈膝，双手前伸，两腿同时起跳发力，向前鱼跃滚翻，背、腰、臀依次着垫，身体过了垂直面时收腹团身站起。

动作要求：收紧下颏，低头团身落垫。

15. 头手翻

练习方法：两脚开立与肩同宽，两臂上举上体快速前驱，两膝微屈下蹲，双手前伸撑垫，两腿蹬垫后伸直，两臂微屈，用头的前额上方在双手之间稍偏前的位置顶地，头和手成三角形。身体向上竖立起来，向前头手翻两脚同时落垫，双手两腿同时向前发力，收腹恢复原位。

动作要求：蹬腿发力向前上方伸展髋部，挺胸抬头，两脚同时落垫。

16. 前手翻

练习方法：两腿开立与肩同宽，屈膝下蹲，双手前伸平举撑垫，两腿蹬垫后伸直，两臂伸直，身体过了垂直面时挺胸展髋，身体向上竖立起来，两腿同时向前翻，两脚落垫站起。

动作要求：头部离垫，双手撑垫，挺腹展髋。

17. 后手翻

练习方法：两脚开立与肩同宽，两臂前举，稍屈膝髋后坐，两臂后摆，重心后移，身体向后仰，两臂迅速后甩发力，蹬垫抬头，展胸展腹，身体充分后屈。腾空向后翻转双手撑垫，利用反方手倒立的反弹力顶肩推手，收腹两脚落垫成直立。

动作要求：头部离垫，重心后移甩臂，两脚蹬垫，蹬垫展胸展腹。

18. 后空翻

练习方法：两脚开立与肩同宽，两腿屈膝下蹲，准备起跳，两臂用力上摆，同时两腿用力向上起跳，用两臂带动，作用力向上，头部后仰，眼睛向后看，身体成弓形，腾空后仰头，腰部发力，腾空抱膝团身落垫。

动作要求：两脚落垫时尽可能要轻，两腿起跳同时在空中转体。

第二节　自由式摔跤运动基本柔韧功

1. 竖叉

练习方法：两腿前后分开成一字形，双手撑垫，上身正直，而后努力使身体向下振压，两腿前后分开成一条线，坐于垫面。（图1）

图 1

动作要求：身体要摆正，胯跟尽量贴近垫面，前腿膝盖向上，后腿膝盖向下。

2. 横叉

练习方法：脚跟着垫，膝盖伸直，同时绷紧背部，身体尽量摆正，双手前伸，两腿尽量保持在一条直线上，身体尽可能往前往下压。（图2）

图 2

动作要求：脚指尖、腿部、胯部保持三点一线；后背始终要立直。

3. 头手撑

练习方法：双膝着地，前额与手撑在垫子上，然后两膝离垫，双手握住两脚腕或膝窝，头撑着垫子前后左右地移动。向前移动时后脑至后背着垫，向左移至左肩触垫，向右移至右肩触垫。（图3）

图 3

动作要求：练习动作时，必须保持着脖子绷紧的适度力度，避免颈椎受伤。

4. 头桥

练习方法：以前额部位着垫仰卧，两脚着垫，两脚与肩同宽，腰腹用力使劲悬空，身体微屈成反弓形，双手交叉放于胸前，挺髋挺胸，保持前后移动进行颈部屈身动作。（图4）

图 4

动作要求：尽量鼻尖贴在垫子上成桥，充分热身后再进行反复练习。

5. 桥摆

练习方法：两脚与前额支撑于垫子上仰卧，两脚与肩同宽，身体悬空成桥，蹬腿挺腰挺髋，使鼻或嘴触垫子，然后屈膝后移，收下颏、低头，使后脑勺触垫子形成前后摆动反复进行练习。（图5）

图 5

动作要求：挺胸挺髋，两脚蹬垫发力。

6. 手桥

练习方法：仰卧姿势，两脚开立与肩同宽，双手掌撑垫，向后仰头，身体弯曲成反弓形，向上挺胸挺髋成手桥。（图6）

图 6

动作要求：弓腰起桥，尽量缩短手与脚之间的距离。

7. 绕头跑

练习方法：两脚开立与肩同宽，前额触垫，两臂屈肘，双手撑垫，两脚分开撑垫，以头为轴，右脚用力蹬垫并向右后摆，同时身体向右翻转成桥，之后左脚继续蹬垫向左前摆，身体向左翻转成头撑。然后，再向相反方向做绕头跑。（图7）

图 7

动作要求：挺腰挺髋；头手支撑不动，绕头转动成圆形。

8. 过头翻

练习方法：以头为轴，做桥前摆，双手在头的两侧撑垫，向前摆动时，蹬腿、挺髋、抬头，身体过了垂直面时收腹，两脚落垫成头撑。然后用力蹬腿后摆成桥，反复练习，两脚向头上方蹬伸，用力挺髋。（图8）

图 8

动作要求：挺腰挺髋，两脚蹬垫发力。

9. 站立后倒成手桥

练习方法：两脚开立与肩同宽，双手臂上举向后伸，抬头挺胸，身体重心向后

倒成双手撑垫，头部悬空，成站立后倒成桥。（图9A—B）

图 9A

图 9B

动作要求：后倒时挺胸挺髋，肩肘要伸直。

10．跪立前倒成桥

练习方法：两腿跪立垫子上，双臂屈肘于腹前，手心向前。抬头、挺胸、挺髋，然后上体前倒，髋、腹、胸、手面依次着垫子，当身体超过垂直面时，双手用力推垫成桥。（图10A—B）

图 10A

图 10B

动作要求：挺腹挺胸、头部后仰、双手推垫成桥。

第三节　自由式摔跤运动专项基本功

1. 盘腿

练习方法：两脚开立与肩同宽，双手自然下垂，左腿支撑身体重心，右腿盘至左髋部与腰部，转脚转髋，盘右腿时尽量右脚掌向上翻，盘左腿时换右腿支撑重心。左右交替练习（右盘腿动作与左盘腿动作方法一致但方向相反）。（图11）

图 11

动作要求：上体直立，支撑腿微屈，上盘腿尽量高至髋腰部位，左右腿交换频率要快。

2. 抽腿

练习方法：两脚开立与肩同宽，两腿微屈，左脚背步于右腿后做支撑腿，右脚由左腿膝关节上方抽过，随之转体右脚落地。左右交替练习（右抽腿动作与左抽腿动作方法一致但方向相反）。（图12）

动作要求：上肢直立，两腿微屈，抽腿转体时以支撑腿的脚尖为轴，带动身体旋转。

图 12

3. 钻子脚

练习方法：两脚开立与肩同宽，向右转体180°，向左拧转脚掌下蹲成卧步，右腿交叉在左腿膝窝部位，两臂上下抡圆至身体两侧。左右交替练习（向左钻子脚动作与向右钻子脚动作方法一致但方向相反）。（图13A—B）

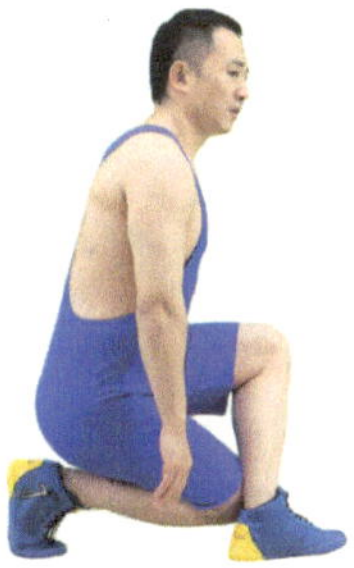

图 13A

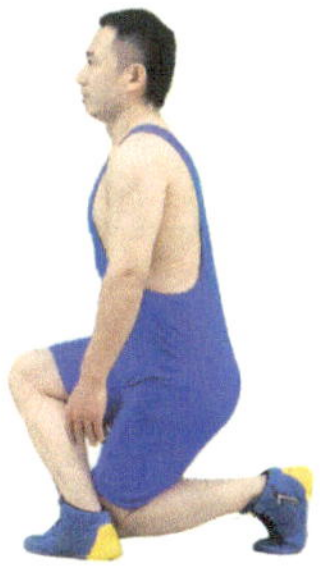

图 13B

动作要求：上肢直立，身体旋转时以两脚尖为轴，快速拧钻脚尖，两臂抡圆保持身体平衡。

4. 踢

练习方法：两脚开立与肩同宽，左脚上一步成弓步，左腿膝关节微屈支撑身体重心，左脚发力踢出，用左脚横扫贴地面踢出，同时左手向后拉，右手向前向左侧插出，向左转腰背脸，左手向身体后方拉紧，右手随之捅至胸前。左右交替练习（左腿踢动作与右腿踢动作方法一致但方向相反）。（图14A—B）

图 14A

图 14B

动作要求：踢出时发力转腰背脸，左脚踢时高度不能超过对手膝关节。

5. 里刀

练习方法：两脚开立与肩同宽，左脚先上一步，并成左弓步，左腿支撑身体重心，随即右脚前伸，膝关节外展亮脚后跟，然后用右脚里刀向自己裆中回拉发力，右手向前捅出，左手向后拉于腰髋处。左右交替练习（右脚里刀动作与左脚里刀动作方法一致但方向相反）。（图15A—B）

动作要求：支撑腿膝关节微屈，右脚后跟向后刀时右手向前捅出发力。

图 15A

图 15B

6. 抠腿

练习方法：两脚开立与肩同宽，右脚上一步，并成右弓步，右腿支撑身体重心，右手向下按压，左手向下抠腿，右手拉至腰髋处，随之左脚上步，右手发力向前捅出。左右交替练习（左抠腿动作与右抠腿动作方法一致）。（图16A—B）

图 16A

图 16B

动作要求：上步成弓步，动作协调，快速发力。

7. 得合

练习方法：两脚开立与肩同宽，左脚先上一步，并成左弓步，左腿支撑身体重心，右脚随之划步，膝关节微屈，小腿向外旋转挂腿得合，挂时大小腿折叠向右旋转，右手摁压于右腿外侧，左手向身后紧拉。左右交替练习（右腿得合动作与左腿得合动作方法一致但方向相反）。（图17A—B）

图 17A

图 17B

动作要求：起腿展髋向外旋挂，上体重心前倾。

8. 挤腿

练习方法：两脚开立与肩同宽，右脚先上一步，并成右弓步，右腿支撑身体重心，左脚向右垫步，同右脚和左脚成前后平行线，随后右腿向上顶起，右手向右侧拉，左手向右侧捅，同时转腰背脸发力。左右交替练习（右挤腿动作与左挤腿动作方法一致但方向相反）。（图18A—B）

图 18A

图 18B

动作要求：挤腿时转腰背脸，拉右手捅左手。

9. 脑切

练习方法：两脚开立与肩同宽，左脚向斜前方上步，并成左弓步，右脚经左脚前方划步于对手的右腿后方崩打，左手拉紧，右手由上向下砍砸，右肩臂做向下切的动作，右腿放髋外展，右脚蹬垫发力。左右交替练习（右脑切动作与左脑切动作方法一致但方向相反）。（图19A—B）

图 19A

图 19B

动作要求：右腿做划步切时崩打发力，紧手砸肩臂，重心前倾。

10. 崴

练习方法：两脚开立与肩同宽，原地马步姿势，双手自然下垂，两腿微屈下蹲，上肢俯腰前倾，向左转腰背脸，右手向左侧捅出，左手向后腰背拉，左右脚以前脚掌为轴，蹬垫发力，并成左弓步。左右交替练习（左崴动作与右崴动作方法一致但

方向相反）。（图20A—B）

图 20A

图 20B

动作要求：俯腰转体背脸，左支撑腿弓步，右腿蹬直，右手捅出发力，左手紧拉于自己左腰背。

11. 勾子

练习方法：两脚开立与肩同宽，原地右脚盘于左膝盖上，左腿微屈支撑，同时右腿向后撩起挑勾子，俯腰低头背脸，左右手扶摸自己支撑腿左脚踝外侧。左右交替练习（右腿勾子动作与左腿勾子动作方法一致但方向相反）。（图21A—B）

图 21A

图 21B

动作要求：支撑腿膝关节微屈，右腿向后上撩挑腿发力，俯腰低头背脸拉紧底手，脚面绷直。

12. 别子

练习方法：两脚开立与肩同宽，右脚先上一步，并成右弓步，右腿支撑身体重心，左脚背步于右腿后方做支撑腿同时双手紧拉身体右侧，随后向左转体右腿向后横撩别起长腰背脸，左手向后拉，右手横捅出，成左腿支撑身体，右脚向后撩起，使身体成单腿支撑的水平姿势。左右交替练习（右腿别子动作与左腿别子动作方法一致但方向相反）。（图22A—B）

图 22A

图 22B

动作要求：上步背步转体，右腿向后外展崩打撩起，撩腿不宜过高，脚面绷直。

13. 手别

练习方法：两脚开立与肩同宽，原地两腿微屈下蹲，俯腰转体，同时左手向自己右肩披拉，右手向下穿过于胸前上翻手别，右脚蹬地拧转脚尖发力，左腿成弓步长腰背脸。左右交替练习（右手别动作与左手别动作方法一致但方向相反）。（图23A—B)

图 23A

图 23B

动作要求：左手披肩拉紧，右手下穿上翻手别。

14. 揣

练习方法：两脚开立与肩同宽，右脚先上一步，并成右弓步，右手向前捅，左脚背步下蹲侧身，左手捅于胸前，右手变换搂臂，拧转脚尖，同时转体，右手臂从后向前抡臂，低头抡臂于两腿之间，左手向后紧拉，双膝微屈，蹬腿发力，叠腰低头。左右交替练习（右揣动作与左揣动作方法一致但方向相反）。（图24A—B)

图 24A

图 24B

动作要求：重心不要往后仰，背步屈膝，蹬腿发力，叠腰低头。

15. 穿腿

练习方法：两脚开立与肩同宽，左脚向前上步，右脚上步于左脚前方，同时右手向前穿并俯腰下蹲，左手从脑后拉过，右手穿裆扛肩，同时挺胸抬头，蹬腿发力，站起抡臂上步。左右交替练习（右穿腿动作与左穿腿动作方法一致但方向相反）。（图25A—B）

图 25A

图 25B

动作要求：上步下蹲穿腿，挺胸抬头，蹬腿发力顶肩拉紧左手。

16. 抱腿

练习方法：两脚开立与肩同宽，右脚上步，低头下潜，双手前伸，左脚跟步，双手搭扣环抱于胸前，挺胸抬头，蹬腿发力，双手上举发力。左右交替练习（右抱腿动作与左抱腿动作方法一致）。（图26A—B）

图 26A

图 26B

动作要求：上步低头下潜，双手抱腿收紧，手脚协调配合。

17. 潜抱

练习方法：两脚开立与肩同宽，右脚上步屈膝，低头下潜，左脚上步于右脚前方，挺胸抬头，双手搭扣环抱于胸前，蹬腿发力，双手上举发力。左右交替练习（右潜抱动作与左潜抱动作方法一致）。（图27A—B）

图 27A

图 27B

动作要求：上步低头下潜，双手搭扣环抱于胸前，挺胸抬头。

18. 过胸

练习方法：两脚开立与肩同宽，左脚上步屈膝，双手前伸环抱，搭扣收于胸前，右脚跟步，蹬腿发力，挺腹抬头，双手上举向后发力。左右交替练习（左过胸动作与右过胸动作方法一致）。（图28A—B）

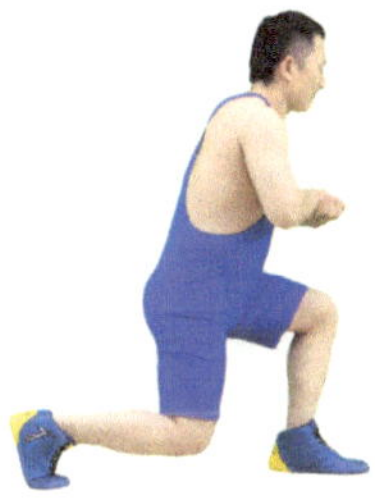

图 28A

图 28B

动作要求：上步同时双手前伸，搭扣收紧于胸前，双手上举发力。

19. 旋儿

练习方法：两脚开立与肩同宽，左脚先上一步，并成左弓步，左手圈臂，紧跟右脚上步，蹬腿发力，同时右手向上捧起，转腰背脸。左右交替练习（左旋儿动作与右旋儿动作方法一致但方向相反）。（图29A—B）

图 29A

图 29B

动作要求：左手圈臂，右手捧背，挺腹发力。

20. 后倒背

练习方法：两脚开立与肩同宽，左脚先上一步，并成左弓步，随后右脚上一步于左脚前方重心后仰，拧转左脚脚掌，仰头挺胸挺腹，左手向后拉紧，右手抡臂发力，转体背脸。左右交替练习（右后倒背动作与左后倒背动作方法一致但方向相反）。（图30A—B）

图 30A

图 30B

动作要求：右脚上步转体，抡臂发力，动作连贯协调。

第四章

自由式摔跤运动基本技术练习方法

第一节 自由式摔跤运动站立姿势与跪撑姿势练习

一、站立姿势

1. 左站立

练习方法：两脚开立与肩同宽，左脚向前先上一至两步，两膝微屈，上体前倾，两臂前伸，两肘自然下垂贴肋，身体重心在两腿之间，头部正直，眼睛直视前方，左脚在前称为左站立，也称为左跤架。（图31）

图 31

动作要求：两脚间距离不宜过小或过大，微微含胸，两肩放松，跤架四面前后左右都要支点，跤架移动要灵活，跤架要优美协调，跤架适用于进攻或防守。

2. 右站立

练习方法：两脚开立与肩同宽，右脚向前先上一至两步，两膝微屈，上体前倾，两臂前伸，两肘自然下垂贴肋，身体重心在两腿之间，头部正直，眼睛直视前方，右脚在前称为右站立，也称为右跤架。（图32）

图 32

动作要求：两脚间距离不宜过小或过大，微微含胸，两肩放松，跤架四面前后左右都要支点，跤架移动要灵活，跤架要优美协调，跤架适用于进攻或防守。

二、跪撑姿势

低位跪撑

练习方法：低跪撑状态下，两臂微屈打开前伸，双手掌撑垫，微微挺胸抬头，平视前方，胸部离垫，腹部、髋部贴垫子，两腿打开，身体呈紧绷状态，脚尖蹬地。（图33）

图 33

动作要求：髋部要紧贴垫面，腰背绷紧，用于跪撑防守状态。

第二节　自由式摔跤运动基本步法练习

1. 上步

练习方法：站立姿势，左脚先向前迈出一步为上步，上步成弓步，身体直立，头正直，两肘微曲，双手前伸。上步移动主要用于过胸或抱折等动作。左右交替练习（左上步动作与右上步动作方法一致）。（图34）

动作要求：上步移动成弓步，膝盖和脚尖上下一条线，两肩自然放松。

图 34

2. 撤步

练习方法：站立姿势，左脚蹬地，右脚向后撤步，落脚于左腿后方，双臂屈肘，双手于胸前，手掌相对，上肢身体直立，两肩自然放松。撤步移动主要用于防抱腿或防守反攻等动作。左右交替练习（左撤步动作与右撤步动作方法一致）。（图35）

图 35

动作要求：撤步移动成弓步，上肢身体直立。

3. 前进步

练习方法：站立姿势，前脚向前，前进半步，后脚紧跟半步。前进步移动主要用于抓把进攻或防守反攻等动作。左右交替练习（右前进步动作与左前进步动作方法一致）。（图36A—B）

图 36A

图 36B

动作要求：上肢姿势要始终保持不变，前进步移动不仅要快，而且要紧凑。

4. 后退步

练习方法：站立姿势，后脚先向后退半步，前脚紧接着回收半步。后退步移动主要用于防守或反攻等动作。左右交替练习（左后退步动作与右后退步动作方法一致）。（图37A—B）

图 37A

图 37B

动作要求：后脚退半步移动和前脚回收半步移动距离一致，上肢姿势要始终保持不变。

5. **背步**

练习方法：站立姿势，右脚先向前上一步，左脚向后背步于右脚后方，两臂自然放松。背步移动主要用于揣或夹颈背等动作。左右交替练习（左背步动作与右背步动作方法一致）。（图38A—B）

图 38A

图 38B

动作要求：背步移动身体重心上下起伏不要过大，背步时距离与肩同宽，上肢身体直立，膝盖微屈，拧转脚尖。

6. **右滑步**

练习方法：左脚用力向右蹬地，同时右脚向右滑出半步，右脚落地同时，左脚迅速向右滑出半步，仍保持一定距离，不能相碰，两脚滑动离地不能太高，应当做到平贴着地面滑动，移动中身体不能上下起伏，头部要保持在一个水平面上。右滑步移动主要用踢或防守反攻等动作。（图39A—B）

图 39A

图 39B

动作要求：右滑步两脚距离一致，移动重心要稳定，上肢身体直立抬头，膝盖微屈。

7. **左滑步**

练习方法：右脚用力向左蹬地，同时左脚向左滑出半步，左脚落地同时，右脚迅速向左滑出半步，仍保持一定距离，不能相碰，两脚滑动离地不能太高，应当做到平贴着地面滑动，移动中身体不能上下起伏，头部要保持在一个水平面上。左滑步移动主要用于反攻或防守等动作。（图40A—B）

图 40A

图 40B

动作要求：左滑步两脚距离一致，移动重心要稳定，上肢身体直立抬头，膝盖微屈。

8. 跳步

练习方法：站立姿势，两脚蹬垫跳步，随即转体换位，两腿微屈，上肢直立抬头。跳步移动主要用于跪揣或蹲揣等动作。左右交替练习（左跳步动作与右跳步动作方法一致但方向相反）。（图41A—B）

图 41A

图 41B

动作要求：跳步移动要迅速，跳步转体换位身体重心前倾，两脚跳步落地脚跟稍微抬起。

9. 盖步

练习方法：站立姿势，左脚先上一步，左腿微屈，将重心移到左腿上，由右脚从左膝关节上方向外跨过，随之转体右脚落地，两脚拧转脚尖成平行站立。盖步移动主要用于后倒背或揣等动作。左右交替练习（左盖步动作与右盖步动作方法一致但方向相反）。（图42A—B）

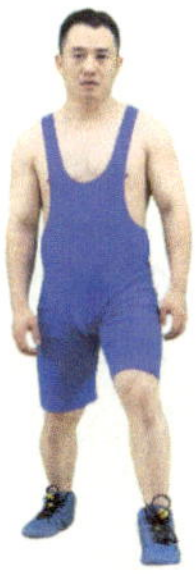

图 42A

图 42B

动作要求：右脚盖步时身体重心移动在左腿上，拧转脚尖并转体。

第三节　自由式摔跤运动基本手法练习

一、抓握把位（以蓝方为例）

1. 扣颈

练习方法：站立姿势，蓝方左手扣颈控制红方颈部，左手臂微屈扣紧红方颈部。扣颈主要用于带动进攻做抠腿或抱腿等动作（左手扣颈动作与右手扣颈动作方法一致但方向相反）。（图43）

图 43

动作要点：扣颈扣紧后，头部顶住对手。

2. 拿臂扣颈

练习方法：站立姿势，蓝方右手扣住红方颈部，左手拿紧红方右大臂，头部顶住红方右侧脸部。拿臂扣颈主要用于带动进攻做扒头或抠腿等动作（右手扣颈左手拿臂动作与左手扣颈右手拿臂动作方法一致但方向相反）。（图44）

图 44

动作要求：左手拉把带动之后推对手大臂，以防止对手反攻。

3. 外拿臂

练习方法：站立姿势，蓝方左手臂从红方右大臂外侧伸入搂紧，右手拿紧红方右小臂，双手搂住红方大臂和小臂位置，用胸部压住红方右手臂，形成挤压状态。蓝方左手臂和右手臂形成一个扣紧挤压状态，以控制红方状态。外拿臂主要用于带动进攻做后倒背或外揣等动作（外拿右臂动作与外拿左臂动作方法一致但方向相反）。（图45）

图 45

动作要求：在外拿臂控制过程中，胸部挤压贴紧，头部顶住对手右侧脸部。

4. 圈单臂

练习方法：站立姿势，蓝方左手臂圈紧红方右大臂，左腋下夹住红方右手臂。圈单臂主要用于带动进攻做旋儿或过胸等动作（圈右臂动作与圈左臂动作方法一致但方向相反）。（图46）

图 46

动作要求：圈紧右臂控制对手，以防轻易抽出。

5. 捧臂

练习方法：站立姿势，蓝方左手臂从红方右腋下穿过向上捧臂，左手扣住红方右肩臂。捧臂主要用于带动进攻做过胸或抱折等动作（捧右臂动作与捧左臂动作方法一致但方向相反）。（图47）

动作要求：捧臂控制贴紧对手，手臂往上捧。

图 47

6. 拿双腕

练习方法：站立姿势，蓝方双手抓握红方双手腕关节位置，虎口向上。抓腕主要用于带动进攻做抱腿或潜抱等动作。（图48）

图 48

动作要求：抓紧控制对手手腕，以防对手逃脱。

7. 绕单臂

练习方法：站立姿势，蓝方右手抓握红方左手腕，紧接蓝方换把虎口向上拉红方右手臂，随后蓝方右手搂红方右大臂向右侧拉带动转移，左脚上步于红方右腿外侧，左手搂住红方后腰，右手一直拉住红方右大臂挤紧并控制。绕单臂主要用于带动进攻做转移抱腰或侧抱腰过胸等动作（绕右臂动作与绕左臂动作方法一致但方向相反）。（图49）

图 49

动作要求：绕单臂要贴紧对手，转移控制对手之后不要让对手逃脱。

8. 抱肩颈

练习方法：站立姿势，蓝方右手圈住红方脖颈，左手抓住红方右手臂，紧接蓝方左手臂从红方外侧右腋下位置穿过至胸前，并双手搭扣反圈肩颈，腹部抵住红方头部向后撤步下压。抱肩颈主要用于带动进攻做撅头或掀臂崴等动作（抱右肩颈动作与抱左肩颈动作方法一致但方向相反）。（图50）

图 50

动作要求：让对手头部形成一种压迫姿势，双手臂搭扣收紧不让对手头部移动。

二、拆握把位（以红方为例）

1. 拿腕拆把

练习方法：站立姿势，蓝方左手抓握红方左手腕时，红方用右手抓握蓝方手腕向下登推发力并抽左手拆腕，以此逃脱拆手。拆腕主要用于带动进攻做接臂抱腿等动作（拆左腕动作与拆右腕动作方法一致但方向相反）。（图51）

图 51

动作要求：拆手速度要快，登推抽手发力。

2. 外拿臂拆把

练习方法：站立姿势，红方被蓝方外拿臂控制状态下，红方左脚上步于蓝方两脚之间，同时左手扣住蓝方右肘部向上掀肘，并右手夹肘抽出。外拿臂拆把主要用于带动进攻做后倒背等动作（外拿臂掀右肘拆把动作与外拿臂掀左肘拆把动作方法

一致但方向相反）。（图52A—B)

图 52A

图 52B

动作要求：上步时与对手贴紧，掀肘时向上拉，做外拿臂掀肘拆把时一定要防范对手做抱腰过胸等动作。

3. 圈头转移解脱

练习方法：站立姿势，在红方被蓝方圈头控制状态下，红方左手拿蓝方右大臂，右脚上步于蓝方右腿外侧，同时向后掀臂，头枕蓝方右腋下向后顶发力，往回旋转大于90°，拉住蓝方右手臂不能松开转移解脱。圈头转移出来进攻做接臂转移抱腰等动作（上右步转移解脱动作与上左步转移解脱动作方法一致但方向相反）。（图53A—B)

图 53A

图 53B

动作要求：上步距离一定要大，手臂不要松开，旋转速度一定要快。

4. 圈单臂解脱

练习方法：站立姿势，在红方被蓝方圈臂状态下，红方右手臂向前顶蓝方并背步半转体，同时甩右手臂，快速甩臂解脱成站立姿势或进攻抱腿（圈右臂解脱动作与圈左臂解脱动作方法一致）。（图54A—B)

图 54A

图 54B

动作要求：顶对手时一定要快速背步甩臂解脱。

5. 捧臂挤肘

练习方法：站立姿势，在红方被蓝方捧臂状态下，红方右臂向下挤压，身体向右侧前方倾斜挤肘发力，形成反控制蓝方。挤肘主要用于带动进攻做抱折等动作（右捧臂挤肘动作与左捧臂挤肘动作方法一致但方向相反）。（图55A—B）

图 55A

图 55B

动作要求：在对手捧臂状态下，一定要先夹紧对手大臂。

三、搭扣

1. 手指搭勾

练习方法：站立姿势，双手臂前伸，左手手掌向下，右手手掌向上，形成双手搭勾，左手在上，右手在下，手指搭勾环抱于胸前收紧。手指搭勾主要用于搂抱过胸或夹颈背等动作。（图56）

图 56

动作要求：双手形成一种互勾状态，做动作时搭勾收紧于胸前。

2. 手掌搭扣

练习方法：站立姿势，双手臂前伸，左手手掌向上，右手手掌向下，形成手掌搭扣，左手在下，右手在上，双手搭扣环抱于胸前收紧。手掌搭扣主要用于滚桥或

提抱等动作。（图57）

图 57

动作要求：双手形成一种互握搭扣状态，搭扣收紧于胸前。

3. 双手臂搭扣

练习方法：站立姿势，双手臂前伸，右手手掌扣握左小臂，左手手掌扣住右小臂，双手互扣紧小臂，左手在上，手掌向下扣，右手在下，手掌向上扣，双手臂搭扣环抱于胸前收紧。双手臂搭扣主要用于撅头或滚桥等动作。（图58）

图 58

动作要求：双手臂搭扣形成一种互扣双手臂状态，做撅头时搭扣收紧。

4. 扣单臂搭扣

练习方法：站立姿势，双手臂前伸，左手手掌扣握右小臂，并形成搭扣，左手在上，搭扣环抱于胸前，形成收紧状态，单手臂搭扣主要用于撅头或抱折等动作。（图59）

图 59

动作要求：双手形成一种搭扣状态，做抱折时搭扣收紧重心向前。

第五章

自由式摔跤运动基本技术摔法

第一节 自由式摔跤运动站立技术练习

一、头颈部动作（以红方为例）

动作示范

1. 抱肩颈撅头

练习方法：站立姿势，红方左手拿紧蓝方右大臂，右手扣住蓝方颈部，右手扒头并右脚撤步，同时带动蓝方低头，红方右手从蓝方左肩上穿过于胸前，左手反穿蓝方右腋下穿过于胸前，并双手搭扣收紧于腹前，让蓝方头部挤住于红方腹前，红方左手一定要圈住蓝方右手臂并夹紧，右脚上步于蓝方两脚之间，挺腹抬头，蹬腿发力，双手搭扣向后方或后侧方发力，将其摔倒，蓝方落地瞬间红方快速转身或松手即可（抱右肩颈撅头动作与抱左肩颈撅头动作方法一致但方向相反）。（图60A—C）

图 60A

图 60B

图 60C

动作要求：搭扣收紧对手头部和手臂，挺腹发力。

2. 反扣抱肩颈撅头

练习方法：站立姿势，红方右脚上步于蓝方两腿之间，低头下潜抱腿，蓝方左脚撤步并俯腰低头防守时，红方右手扣蓝方下颏和喉结，左手扣蓝方颈部并扒头向下带，同时红方右手从蓝方左肩上穿过于胸前，左手反穿蓝方右腋下穿过于胸前，双手反向搭扣收紧，蓝方头部圈于红方右侧腹前，红方右脚上步于蓝方两脚之间，红方挺腹抬头，向后方发力，将其摔倒，在半空中或落地时快速转身（反扣抱右肩颈撅头动作与反扣抱左肩颈撅头动作方法一致但方向相反）。（图61A—C）

图 61A

图 61B

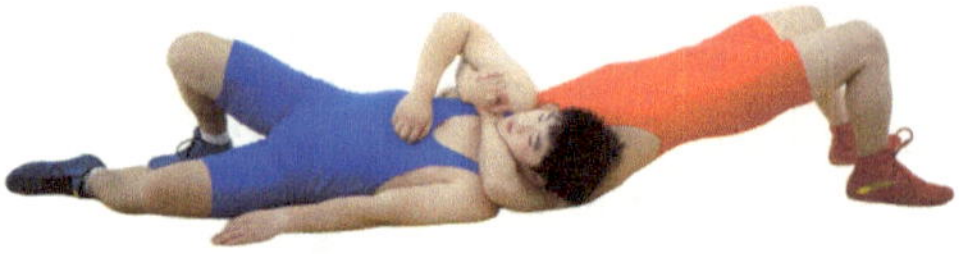

图 61C

动作要求：反手圈臂撅头双手一定要扣紧，避免对手挣脱。

3. 反抱双腋下撅头

练习方法：站立姿势，蓝方右脚上步于红方两腿之间，蓝方低头下潜抱腿时，红方俯腰防守下压，同时红方双手反穿蓝方双腋下至胸前并双手搭扣收紧，腹部抵住蓝方头部，双手搭扣压紧蓝方头部，右脚上步于蓝方两脚之间，挺腹抬头，蹬腿发力，双手收紧发力，向后方或侧后方发力，将其摔倒，在半空中或落地时快速转身（抱双腋下上右步撅头动作与抱双腋下上左步撅头动作方法一致但方向相反）。（图62A—C）

图 62A

图 62B

图 62C

动作要求：圈双腋下搬头双手一定要扣紧，一定要让对手颈部压迫在自己腹前，双臂夹肘收紧，避免对手挣脱。

4. 圈头掀

练习方法：站立姿势，红方左手拿紧蓝方右大臂，右手扣住蓝方颈部，右手扒头并右脚撤步，同时带动蓝方低头，红方右手从蓝方左肩上反穿过圈头，左手从蓝方右腋下向上掀臂并扣紧，右大臂夹紧并下压蓝方颈部，左脚上步于蓝方右脚外侧，同时挺腹向右斜后方发力，将其摔倒（右侧圈头掀动作与左侧圈头掀动作方法一致但方向相反）。（图63A—C）

图 63A

图 63B

图 63C

动作要求：腹部挤紧对手头部，双手形成搭扣，扣紧对手把位，避免对手挣脱。

5. 圈臂扣颈搬头

练习方法：站立姿势，红方右手拿紧蓝方左大臂，左手扣住蓝方颈部，左手扒头并左脚撤步，同时带动蓝方低头，红方左手从蓝方右肩上反穿过圈头，右手从蓝方左腋下穿过扣紧颈部，并用右手压紧蓝方头部，红方腹部挤住蓝方头部，右脚上步于蓝方两脚之间，挺髋向后发力，将其摔倒（圈左臂扣颈搬头动作与圈右臂扣颈搬头动作方法一致但方向相反）。（图64A—B）

图 64A

图 64B

动作要求：右手一定要把手臂掏进对手腋下穿过扣颈或头部，控制压紧对手头部，和左手配合形成一种反向扣紧状态。

6. 拉臂扒头

练习方法：站立姿势，红方左手拿紧蓝方右大臂，右手扣住蓝方颈部，左手向右下方拉把带动蓝方，同时红方右手向右下方扒头并右腿撤步，双手向下继续压紧蓝方，形成一种控制状态（拉右臂扒头动作与拉左臂扒头动作方法一致但方向相反）。（图65A—B）

图 65A

图 65B

动作要求：左手抓紧对手右大臂，右手扣紧颈部，带动对手时不要向支撑腿上带，要向撤步腿方向带动，以免对手抱腿。

7. 抱肩颈侧撅头

练习方法：站立姿势，红方左手拿紧蓝方右大臂，右手扣住蓝方颈部，右手扒头，同时右脚撤步并带动蓝方低头，红方右手从蓝方左肩上穿过至胸前圈住颈部，左手反穿蓝方右腋下穿过至胸前，并双手搭扣收紧于腹前，左脚上步于蓝方两腿之间，挺髋抬头，蹬腿向右斜后方发力，将其摔倒（抱右肩颈侧撅头动作与抱左肩颈侧撅头动作方法一致但方向相反）。（图66A—B）

图 66A

图 66B

动作要求：双臂夹紧挺髋发力，在空中或落地瞬间转体连接下一个动作。

8. 夹臂夹颈背

练习方法：站立姿势，红方左手拿紧蓝方右大臂，右手扣住蓝方颈部，左腋下夹紧蓝方右小臂，右脚上步于蓝方右脚内侧，左脚背步于蓝方左脚内侧，转体填腰，两腿微屈，形成半蹲状态，红方腰部与蓝方腹部贴紧，蹬腿发力，叠腰低头，双手把位收紧发力，将其摔倒。落地瞬间双手继续拿住蓝方把位，红方两腿打开，右手搂住蓝方头部向上收紧，左手拉紧蓝方大臂，头部向后上方转，形成压双肩状态（夹右臂夹颈背动作与夹左臂夹颈背动作方法一致但方向相反）。（图67A—C）

图 67A

图 67B

图 67C

动作要求：上步后瞬间背步，转体填腰，蹬腿发力，动作完成后，不能松把位，时刻保持紧张状态。

9. 搂臂夹颈背

练习方法：站立姿势，红方左手搂紧蓝方右小臂，右手扣住蓝方颈部，右脚上步于蓝方右脚内侧，左脚背步于蓝方左脚内侧，转体填腰，红方腰部与蓝方腹部贴紧，两腿微屈，形成半蹲状态，蹬腿发力，叠腰低头，双手把位收紧发力，将其摔倒。落地时把位不能松开，一直处于发力状态，两脚打开，红方右手向上收紧蓝方头部，形成压双肩状态，防止反攻逃脱（搂右臂夹颈背动作与搂左臂夹颈背动作方法一致但方向相反）。（图68A—C）

图 68A

图 68B

图 68C

动作要求：双手把位收紧，身体与对手贴紧，摔下时一直处于紧张状态。

10. 搂抱夹颈背

练习方法：站立姿势，红蓝双方互相肩颈搭扣成搂抱状态时，红方重心下降，头部顶住蓝方右侧脸部位，双手搭扣收紧蓝方肩颈部，右脚上步于蓝方右脚内侧，左脚背步于蓝方左脚内侧，转体填腰，重心下蹲前倾，两腿微屈，红方腰部与蓝方腹部贴紧，蹬腿发力，搭扣收紧，叠腰低头，沉肩背脸，将其摔倒。红方双手搭扣搂紧蓝方颈部并向上撬头，两腿打开，形成压双肩状态，以免反攻逃脱（右搂抱夹颈背动作与左搂抱夹颈背动作方法一致但方向相反）。（图69A—C）

图 69A

图 69B

图 69C

动作要求：搭扣时一定要收紧，做动作时一定要果断，落垫时一直保持紧张状态。

二、胸背部动作（以红方为例）

动作示范

1. 拿臂腋下背

练习方法：站立姿势，红方左手拿紧蓝方右大臂，右手从蓝方左腋下穿过搂紧腰背，右脚上步于蓝方右脚内侧，左脚背步于蓝方左脚内侧，转体填腰，红方腰部与蓝方腹部贴紧，两腿微屈，形成半蹲状态，蹬腿发力，把位拉紧发力，叠腰低头，转腰背脸，将其摔倒。落地时红方左手一直拉紧蓝方大臂把位，右手搂紧蓝方背部，两腿打开，形成压双肩状态（拿右臂腋下背动作与拿左臂腋下背动作方法一致但方向相反）。（图70A—C）

图 70A

图 70B

图 70C

动作要求：做动作前，要搂紧对手腰背，落垫时一直保持紧张状态。

2. 捧臂腋下背

练习方法：站立姿势，红方左手拿紧蓝方右大臂，右手从蓝方左腋下穿过向上捧臂扣紧，右脚上步于蓝方右脚内侧，左脚背步于蓝方两脚之间，转体填腰，重心下蹲前倾，两腿微屈，红方腰部与蓝方右侧髋部贴紧，蹬腿发力，双手把位收紧发力，叠腰低头，转腰背脸，将其摔倒。落地时双手一直保持收紧状态，两腿打开，头部向左后方转，形成压双肩状态（右捧臂腋下背动作与左捧臂腋下背动作方法一致但方向相反）。（图71A—C）

图 71A

图 71B

图 71C

动作要求：做动作之前右手一定要扣紧对手左肩臂，左手拉紧对手右大臂把位，做动作时要果断。

3. 旋儿

练习方法：站立姿势，红方左手臂夹紧蓝方右大臂，右手从蓝方左腋下穿过捧背，左脚上步于蓝方右脚外侧，同时红方双手收紧蓝方把位，挺胸挺髋，向上发力，随后红方向左后上方转腰发力，将其摔倒，形成双肩着地状态（右手捧背旋儿动作与左手捧背旋儿动作方法一致但方向相反）。（图72A—C）

图 72A

图 72B

图 72C

动作要求：大臂夹紧，腋下抄紧，挺胸挺髋，落地时压双肩两腿打开，左手拉紧对手右大臂。

4. 肩颈搭扣过胸摔

练习方法：站立姿势，红蓝双方互相肩颈搭扣成搂抱状态时，红方重心下降，头部顶住蓝方右侧脸部位，红方双手搭扣收紧蓝方肩颈部，右脚上步于蓝方两脚之间，紧跟红方左脚上步于蓝方裆部，两腿微屈，蹬腿发力，撞髋挺腹，搭扣收紧发力，抬头挺胸，向后向上发力，头部快要着垫时，转体将其摔倒，形成搭扣双肩状态（右侧搂抱过胸摔动作与左侧搂抱过胸摔动作方法一致但方向相反）。（图73A—B）

图 73A

图 73B

动作要求：双手搭扣勒紧对手上体并紧贴身体，落地时两腿打开，形成搭扣双肩状态。

5. 圈臂过胸摔

练习方法：站立姿势，红方双手臂从外向里圈蓝方双臂并搭扣，右脚上步于蓝方两脚之间，紧跟红方左脚上步于蓝方裆中，两腿微屈，蹬腿发力，挺髋挺胸，把位圈紧向后发力，头部快要着垫时，转体将其摔倒。落地时两腿打开，形成圈臂双肩状态（右站立圈臂过胸摔动作与左站立圈臂过胸摔动作方法一致但方向相反）。（图74A—B）

图 74A

图 74B

动作要求：圈臂锁紧，上步蹬腿撞髋，落地时成圈臂双肩状态。

6. 直体过胸摔

练习方法：站立姿势，红方双手从蓝方双腋下穿过抱腰搭扣，右脚上步于蓝方两腿之间，紧跟红方左脚上步于蓝方裆中，两腿微屈，双手抱腰勒紧蓝方上体腰部，并贴紧身体，蹬腿发力，撞髋挺腹，抬头挺胸，向正后方发力，头部快要着垫时，转体将其摔倒，形成直体过胸双肩状态（右站立直体过胸摔动作与左站立直体过胸摔动作方法一致但方向相反）。（图75A—B）

图 75A

图 75B

动作要求：腰背搭扣收紧，用髋撞击对手腹部，上步抬头，蹬腿发力，形成压双肩状态。

7. 转移后过胸摔

练习方法：站立姿势，红方左手拿紧蓝方右手腕，左手搂蓝方左臂向左后方拉开，同时红方右脚上步于蓝方左脚后侧，双手立即抱紧蓝方腰背和左手臂搭扣，随后红方左脚上步于蓝方左脚外侧，两腿微屈，双手抱腰勒紧上体，并贴紧身体，蹬腿发力，撞髋挺腹，挺胸抬头，向左后方发力，头部快要着垫时，转体将其摔倒（右转移后过胸摔动作与左转移后过胸摔动作方法一致但方向相反）。（图76A—C）

图 76A

图 76B

图 76C

动作要求：接臂时上步搭扣收紧把位，上步蹬腿发力，用髋撞击对手臀部。

8. 搂臂后倒背

练习方法：站立姿势，红方左手搂紧蓝方右手臂，右手扣住蓝方颈部，左脚背步于蓝方两腿之间，转体于蓝方右侧方，双手搂臂收紧，红方左肩顶蓝方胸与右腋下部位，向侧方卷紧发力，将其摔倒。落地后形成压双肩状态（搂右臂后倒背动作与搂左臂后倒背动作方法一致但方向相反）。（图77A—C）

图 77A

图 77B

图 77C

动作要求：把位搂紧背步转体要快，顶紧对手胸与腋下部位。

9. 夹臂后仰后倒背

练习方法：站立姿势，红方左手拿紧蓝方右大臂，左腋下夹住蓝方右小臂，右手从蓝方右腋下穿过捧背，右脚上步于蓝方右脚外侧，同时蓝方右手换把搂蓝方右大臂，并后仰旋转360°，挺髋发力，红方左肩顶蓝方胸与右腋下部位，向侧方卷紧发力，随后红方右膝跪垫于蓝方两腿之间，将其摔倒，落地时一定要拿紧蓝方把位，快速起身形成压双肩状态（夹右臂后仰后倒背动作与夹左臂后仰后倒背动作方法一致但方向相反）。（图78A—C）

图 78A

图 78B

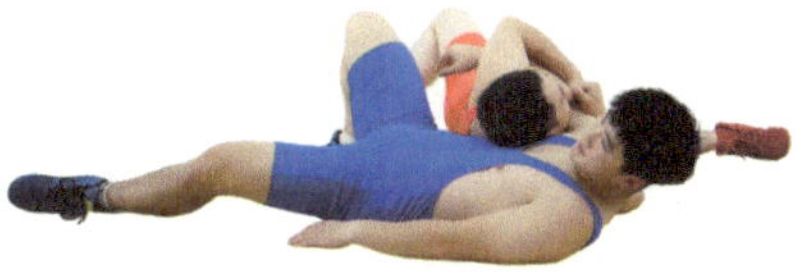
图 78C

动作要求：做动作时一定要搂紧对手把位，身体旋转时一定要快速。

10. 外拿臂后倒背

练习方法：站立姿势，红方右手拿紧蓝方右小臂，左手搂住蓝方右大臂，右脚上步于蓝方右脚外侧，同时红方右手换把并转体，身体向左斜旋转360°，红方右手搂紧蓝方右臂向前发力，左肩顶蓝方胸与右腋下部位，向侧方卷紧发力，将其摔倒，快速起身形成压双肩状态（外拿右臂后倒背动作与外拿左臂后倒背动作方法一致但方向相反）。（图79A—C）

图 79A

图 79B

图 79C

动作要求：把位收紧上步转体发力，做动作时手臂卷紧。

三、腰腹部动作（以红方为例）

动作示范

1. 夹臂揣

练习方法：站立姿势，红方左手拿紧蓝方右大臂，左腋下夹紧蓝方右小臂，右脚上步于蓝方右脚内侧，左脚背步于蓝方左脚内侧，转体填腰，腰背贴紧，同时红方右手从蓝方右腋下穿过，并向上抱右大臂，抱臂肩顶，双手把位收紧，两腿微屈，上体前倾，蹬腿发力，叠腰低头，将其摔倒，不要松开蓝方大臂把位，随后形成双肩着地状态（夹右臂揣动作与夹左臂揣动作方法一致但方向相反）。（图80A—C）

图 80A

图 80B

图 80C

动作要求：做动作时，肩部一定要填进对手腋下，低头背脸，双手向下拉发力。

2. 搂臂揣

练习方法：站立姿势，红方左手搂紧蓝方右小臂，右手扣住蓝方颈部，右脚上步于蓝方右脚内侧，同时红方右手换把从蓝方右腋下穿过，并向上抱右大臂，左脚背步于蓝方左脚内侧，转体填腰，腰背贴紧，两腿微屈，上体前倾，蹬腿发力，叠腰低头，将其摔倒，落地时拿紧把位，不要松开，紧跟着形成压双肩状态（搂右臂揣动作与搂左臂揣动作方法一致但方向相反）。（图81A—C）

图 81A

图 81B

图 81C

动作要求：背步后两腿微屈，双手向下拉发力，控制把位一定要搂紧。

3. 拉臂外揣

练习方法：站立姿势，红方左手拿紧蓝方右手腕，右手拉蓝方右大臂向右侧拉紧，左脚上步于蓝方两脚之间，紧跟红方右脚背步于蓝方右脚内侧，转体填腰，腰背贴紧，两腿微屈，上体前倾，蹬腿发力，双手把位向下拉，叠腰低头，将其摔倒，双手把位不要松开，紧跟着形成扣双肩状态（拉右臂外揣动作与拉左臂外揣动作方法一致但方向相反）。（图82A—C）

图 82A

图 82B

图 82C

动作要求：拉对手大臂时上步一定要跟紧，拿紧对手把位，扣双肩时两腿一定要打开。

4. 单腿跪揣

练习方法：站立姿势，红方左手拿紧蓝方右大臂，左腋下夹住蓝方右小臂，右手捧紧蓝方左腋下，右脚上步于蓝方右脚内侧，同时红方右手换把从蓝方右腋下穿过，并向上抱右大臂，紧跟红方左脚背步于蓝方左脚内侧，转体填腰，屈膝，右膝跪立，上体前倾，右手抱臂收紧，红方右肩部顶住蓝方右腋下，蹬腿发力，叠腰低头，沉肩背脸，将其摔倒，一直到压双肩状态不能松把位（右腿跪揣动作与左腿跪揣动作方法一致但方向相反）。（图83A—C）

图 83A

图 83B

图 83C

动作要求：拿紧对手把位，做动作时跪膝填腰于对手两腿之间并贴紧。

5. 双腿跪揣

练习方法：站立姿势，红方左手拿紧蓝方右大臂，左腋下夹住蓝方右小臂，右手捧住蓝方左腋下，两脚向右跳步于蓝方两腿之间裆中双膝跪立，同时红方右手换把从蓝方右腋下穿过，并向上抱右大臂，转体填腰，右手抱臂收紧，右肩顶住蓝方右腋下，蹬腿发力，叠腰低头，将其摔倒。红方一直到压双肩状态不能松把位（抱右臂双腿跪揣动作与抱左臂双腿跪揣动作方法一致但方向相反）。（图84A—C）

图 84A

动作要求：拿紧对手把位，做动作时跪膝填腰于对手两腿之间并贴紧，上体前倾，做动作时一定要快。

图 84B

图 84C

6. **蹲揣**

练习方法：站立姿势，红方左手拿紧蓝方右大臂，红方左腋下夹住蓝方右小臂，红方两脚向右跳步于蓝方两腿之间裆中，红方右手从蓝方右腋下穿过把臂，转体填腰，两腿微屈，上体前倾，形成让蓝方骑于红方腰背上，红方右肩一定要顶住蓝方右腋下，蹬腿发力，叠腰低头，将其摔倒，并形成压双肩状态（向右跳步蹲揣动作与向左跳步揣动作方法一致但方向相反）。（图85A—C)

图 85A

图 85B

图 85C

动作要求：拿紧对手把位，做动作时跳步转体一定要快，腰背贴紧对手腹胸。

7. **下潜抱折**

练习方法：站立姿势，红方左手拿紧蓝方右大臂，红方右手扣住蓝方颈部，红方头部在蓝方头部右侧顶住，红方右手扒头后带，红方左手掀臂拉把，同时红方右脚上步跪垫于蓝方两腿之间，随后红方双手前伸低头下潜抱蓝方腰部，并头从蓝方右腋下钻过，红方双手快速搂住搭扣蓝方腰胯向前发力，红方右肩顶蓝方小腹，红方左脚上步于蓝方右脚外侧，双手搭扣勒紧发力，将其摔倒，并形成压双肩状态（右脚上步下潜抱折动作与左脚上步下潜抱折动作方法一致但方向相反）。（图86A—C)

图 86A

图 86B

图 86C

动作要求：下潜时候一定要迅速，顶肩勒紧向前发力。

四、转移动作（以红方为例）

动作示范

1. 拉臂转移

练习方法：站立姿势，红方左手拿紧蓝方右手腕，红方右手搂紧拉蓝方右大臂，并向右斜下方拉带，并同时红方左脚上步于蓝方右脚外侧，随后红方转移到蓝方身后或身后侧方，红方左手换把搂蓝方腰部，红方右手拉臂搂紧，并贴紧压紧控制蓝方（拉右臂转移动作与拉左臂转移动作方法一致但方向相反）。（图87A—C)

图 87A

图 87B

图 87C

动作要求：拉臂动作一定要连贯，一定贴近对手。

2. 推肘转移

练习方法：站立姿势，红方在被蓝方扣颈控制状态下，红方左手向上推蓝方肘部，红方右手控制蓝方颈部，红方右脚上步于蓝方两腿之间，随后红方左脚上步于蓝方右脚外侧，同时红方右手下拉蓝方颈部，红方快速转移到蓝方身后或侧方，与蓝方贴紧并形成控制（推右肘转移动作与推左肘转移动作方法一致但方向相反）。（图88A—C）

图 88A

图 88B

图 88C

动作要求：推肘和上步一定要连贯，控制紧对手，推肘向后转头发力。

3. 扒头转移

练习方法：站立姿势，红方左手拿紧蓝方右大臂，红方右手扣住蓝方颈部，红方头部要一直顶住蓝方，随后红方右手扒头，左手向右下方拉，下拉的瞬间红方右脚撤步，然后快速转移到蓝方身后，并形成控制（右手扒头转移动作与左手扒头转移动作方法一致但方向相反）。（图89A—C）

图 89A

图 89B

图 89C

动作要求：扒头下拉对手时一定要右脚撤步，转移时要快并控制对手，防止对手反攻。

4. 掀肘转移

练习方法：站立姿势，红方右手扣住蓝方颈部，蓝方右手扣住红方颈部状态下，红方头部在蓝方头部右侧顶住，红方左手臂掀蓝方右肘部，同时红方右手下拉蓝方颈部，红方左脚上步于蓝方右脚外侧，红方快速转移到蓝方身后贴紧，红方左手搂腰收紧蓝方并形成控制（掀右肘转移动作与掀左肘转移动作方法一致但方向相反）。（图90A—C）

图 90A

图 90B

图 90C

动作要求：在掀肘时候一定要迅速，把位不能松开，一直处于控制状态，紧贴对手。

五、脚腿部动作（以红方为例）

动作示范

1. 抱单腿

练习方法：站立姿势，红方左手拿紧蓝方右大臂，红方右手扣住蓝方颈部，红方头部在蓝方头部右侧顶住，红方右脚上步于蓝方右脚内侧，同时红方左手向后拉掀蓝方右大臂，红方右手伸入蓝方两腿之间，并抱蓝方右腿收紧，红方左脚上步于蓝方右脚外侧，红方双手抱蓝方右腿，并红方起身抱起蓝方右腿，红方腰背挺直贴紧蓝方大腿，红方头部挤紧蓝方腰腹部以免松动逃脱（抱右腿动作与抱左腿动作方法一致但方向相反）。（图91A—C）

图 91A

图 91B

图 91C

动作要求：拉臂和上步下潜要同时，双手抱腿收紧抬头。

2. 头在内抱单腿

练习方法：站立姿势，红方左手拿紧蓝方右大臂，红方右手扣住蓝方颈部，红方头部在蓝方头部右侧顶住，红方右手换把向上拉蓝方左大臂，同时红方右脚上步于蓝方左脚外侧，紧跟红方左脚上步于蓝方两腿之间，红方右手前伸从蓝方左腿外侧穿过抱腿，红方左手前伸从蓝方两腿之间穿过抱腿，红方双手抱蓝方左腿收紧，腰背挺直，两腿微屈，红方头部贴紧蓝方小腹和左髋部，红方右脚撤步向右斜方发力，将其摔倒（抱左腿动作与抱右腿动作方法一致但方向相反）。（图92A—C）

图 92A

图 92B

图 92C

动作要求：抱住对手左腿以后一定要控制住对手以免逃脱或反攻。

3. 抱单腿变抱双腿

练习方法：站立姿势，红方右手拿紧蓝方左大臂，红方左手扣住蓝方颈部，红方头部在蓝方头部右侧顶住，红方右手扒头带动蓝方，红方右脚上步于蓝方两腿之间，同时低头下潜，红方右手伸入蓝方两腿之间穿过，并抱右腿，红方头从蓝方右腋下钻过，红方左手换把双手抱住蓝方右腿，红方右手抽出变换抱双腿，右肩顶住蓝方腹部，蹬腿发力，向前冲顶，双手抱腿收紧，将其摔倒，并形成压双肩状态（右侧抱单腿变抱双腿动作与左侧抱单腿变抱双腿动作方法一致但方向相反）。（图 93A—C）

图 93A

图 93B

图 93C

动作要求：变抱双腿时换步和换手要迅速，倒地时不要松开手，形成控制状态。

4. 冲抱双腿

练习方法：站立姿势，红方左手拿紧蓝方右大臂，红方右手扣住蓝方颈部，红方头部在蓝方头部右侧顶住，红方双手向后拉把带动，低头下潜，同时红方右脚上步于蓝方两腿中间跪垫，红方双手前伸从蓝方两腿外侧穿过，红方头从蓝方右腋下钻过，红方双手抱住蓝方两腿膝窝，并用右肩顶住蓝方腹部，随后红方左脚上步于蓝方右脚外侧，蹬腿发力，向前冲顶，双手抱腿收紧，将其摔倒，并形成压双肩状态（右冲抱双腿动作与左冲抱双腿动作方法一致但方向相反）。（图94A—C）

图 94A

图 94B

图 94C

动作要求：抱腿时一定要动作连贯，双手抱住对手双腿要收紧发力。

5. 抱小腿侧挤

练习方法：站立姿势，红方左手拿紧蓝方右大臂，红方右手控制蓝方或准备进攻状态，红方右脚上步于蓝方右脚内侧，同时低头下潜，红方右手前伸入蓝方两腿之间，并搂住蓝方右脚踝或小腿，红方左手撑地保持重心，紧跟左脚上步于蓝方右脚侧方，红方身体转移到蓝方后方或右小腿外侧，红方左手快速搂住蓝方左小腿并向前发力挤腿，将其摔倒（抱右腿侧挤动作与抱左腿侧挤动作方法一致但方向相反）。（图95A—C）

图 95A

图 95B

图 95C

动作要求：手臂抱住对手小腿或脚踝位置，以免对手逃脱，挤腿顶肩发力。

6. 冲抱小腿

练习方法：站立姿势，红方左手拿紧蓝方右大臂，红方右手扣住蓝方颈部，红方双手拉把带动蓝方左脚上步，保持适当进攻距离，红方右脚上步于蓝方左脚外侧，同时低头下潜，红方右手前伸从蓝方左腿外侧穿过，并向里抱住蓝方左小腿，红方头部要和抱腿手臂形成一个挤压状态，向左侧顶肩发力，将其摔倒（冲抱左腿动作与冲抱右腿动作方法一致但方向相反）。（图96A—C）

图 96A

图 96B

图 96C

动作要求：手臂抱住对手左小腿，以防动作失败或对手逃脱。

7. 抱小腿转移

练习方法：站立姿势，红方左手拿紧蓝方右大臂，红方右手控制蓝方或准备进攻状态，红方右腿上步于蓝方右脚前方，同时红方右手前伸从蓝方右腿里侧穿过，并抱住脚踝或小腿位置，红方头部挤住蓝方右小腿外侧，红方左脚上步转移到蓝方

身后扣紧小腿顶肩发力，将其摔倒（抱右腿转移动作与抱左腿转移动作方法一致但方向相反）。（图97A—C）

图 97A

图 97B

图 97C

动作要求：做动作前一定要保持合适进攻距离，进攻时一定要快速连贯，抱住小腿一定要搂紧。

8. 握颈抠腿

练习方法：站立姿势，红方左手拿紧蓝方右大臂，红方右手扣住蓝方颈部，红方头部在蓝方头部右侧顶住，红方右脚上步于蓝方两腿之间，红方右手紧扣蓝方颈部并下压，红方左手换把向下抠蓝方右脚踝，并向上拉形成挤压状态，同时左脚上步于蓝方右脚外侧，双手发力，将其摔倒，并形成双肩着地状态（右手扣颈抠腿动作与左手扣颈抠腿动作方法一致但方向相反）。（图98A—C）

图 98A

图 98B

图 98C

动作要求：做动作时双手要同时发力，倒地后控制把位尽量不要松开。

9. 后转移挤小腿

练习方法：站立姿势，红方右手拿紧红方左大臂，红方右脚上步于蓝方左脚外侧，同时红方左手前伸从蓝方两腿之间穿过，并抱左小腿，随后红方快速转移到蓝方身后，红方双手收紧蓝方左小腿，顶肩发力，将其摔倒（转移挤左小腿动作与转移挤右小腿动作方法一致但方向相反）。（图99A—C）

图 99A

图 99B

图 99C

动作要求：进攻时跤架姿势一定要比对手低，做动作时一定要快速连贯。

10. 侧抱腿过胸

练习方法：站立姿势，红方右手拿紧蓝方左大臂，红方右手拉把带动蓝方左脚上步，同时红方右脚上步于蓝方左脚外侧，并低头下潜，红方右手前伸抱蓝方腰部，红方左手前伸从蓝方两腿之间穿过，并抱左腿，随后红方左脚上步于蓝方左脚里侧，两腿微屈，挺胸抬头，蹬腿发力，头部快要着垫时，转体将其摔倒（抱左腿过胸动作与抱右腿过胸动作方法一致但方向相反）。（图100A—C）

图 100A

图 100B

图 100C

动作要求：双手收紧，侧抱单腿一定要转移到对手侧身方向。

11. 抱腿前摔

练习方法：站立姿势，红方左手拿紧蓝方右大臂，红方右手扣住蓝方颈部，红方双手拉把带动蓝方重心，红方右脚上步于蓝方两腿之间，同时低头下潜，随后红方双手前伸从蓝方两腿外侧穿过，并双手抱住蓝方两腿膝窝，红方头从蓝方右腋下钻过，红方左脚上步于蓝方右脚外侧，两腿微屈，红方头部贴紧蓝方右侧髋部，蹬腿发力，将其摔倒，并形成提压双肩状态，落地时双手不要松开，以免逃脱（右抱双腿前摔动作与左抱双腿前摔动作方法一致但方向相反）。（图101A—C）

图 101A

图 101B

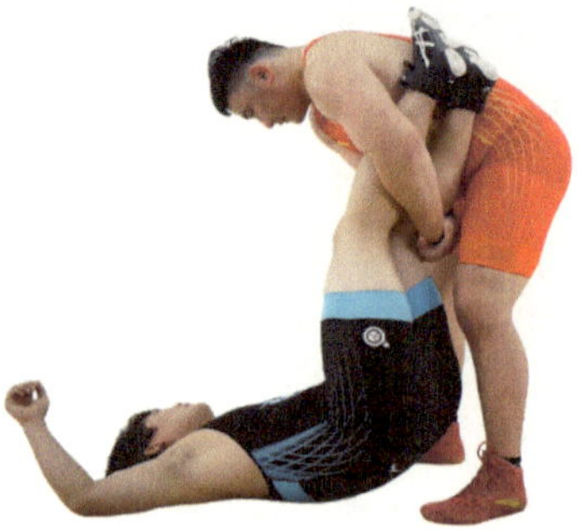

图 101C

动作要求：做动作时一定要带动对手，破坏对手重心，下潜时上步一定要迅速。

12. 拉臂转移挡腿

练习方法：站立姿势，红方左手拿紧蓝方右手腕，红方右手搂紧拉蓝方右大臂，同时红方右脚上步于蓝方右脚内侧，红方身体瞬间坐下用自己右腿挡住蓝方右腿，红方左手快速换把抱蓝方后腰，红方身体快速转体到蓝方身后，并起身贴紧蓝方以防逃脱（拉右臂转移挡腿动作与拉左臂转移挡腿动作方法一致但方向相反）。（图 102A—C）

图 102A

图 102B

图 102C

动作要求：做拉臂和挡腿动作要同时，一定要用自己的腿挡住对手的腿，防止对手逃脱。

13. 反拉臂抱腿

练习方法：站立姿势，红方左手拿紧蓝方右手腕，红方右手拉蓝方右大臂，红方右手反方向拉蓝方右臂向右侧下方向拉，同时红方左脚上步于蓝方两腿之间，红方左手前伸从蓝方两腿之间穿过，并抱住左腿，然后红方起身腰背挺直贴紧蓝方左大腿，红方右手换把向下抱蓝方左腿，双手抱腿搭扣收紧，红方头部贴紧蓝方左侧髋部，红方右脚撤步砸肩下压蓝方左腿，将其摔倒（反拉臂抱左腿动作与反拉臂抱右腿动作方法一致但方向相反）。（图103A—C）

图 103A

图 103B

图 103C

动作要求：进攻反拉臂时一定不要让对手的手臂挡住进攻方向，站立姿势一定要比对手低。

14. 拿臂得合

练习方法：站立姿势，红方左手拿紧蓝方右大臂，红方右手拿紧蓝方左大臂，红方右脚向斜前方上步并双手拉把带动蓝方右脚上步，同时红方左腿插入于蓝方两腿之间，并向外旋转挂腿，脚面绷直，身体重心向前挤压发力，将其摔倒（拿臂得合挂右腿动作与拿臂得合挂左腿动作方法一致但方向相反）。（图104A—C）

图 104A

图 104B

图 104C

动作要求：做动作时一定要控制对手把位，上步拉过来贴紧对手，大小腿折叠旋转发力。

15. 搭扣踢

练习方法：站立姿势，红方右手拿紧蓝方右手臂，红方左手从蓝方右腋下穿过并抓握自己右手腕里侧，形成一个搭扣控制状态，随后红方右脚上步于蓝方右脚前方，并左脚横扫踢出，踢蓝方左小腿，转腰背脸，双手搭扣向左发力，将其摔倒（双手搭扣左脚踢动作与双手搭扣右脚踢动作方法一致但方向相反）。（图105A—C）

图 105A

图 105B

图 105C

动作要求：双手搭扣收紧，上步踢时转腰发力。

16. 抱小腿身后手别

练习方法：站立姿势，红方右手抓握蓝方左手臂，红方左手扣住蓝方颈部，红方左手拉把带动蓝方，红方右脚上步于蓝方左脚外侧，紧跟红方左脚跟步转移至蓝方侧方或身后，同时红方双手前伸抱紧蓝方左小腿，并后拉收紧，红方右手换把伸出翻手腕并扣住蓝方右腿膝盖位置，红方左手搂紧蓝方左小腿，红方右手别扣紧发力，红方右肩向前挤压发力，将其摔倒，随后红方身体跟上到蓝方后背位置，与蓝方贴紧并双手抱腰搭扣，以免逃脱（抱左小腿身后手别动作与抱右小腿身后手别动作方法一致但方向相反）。（图106A—C)

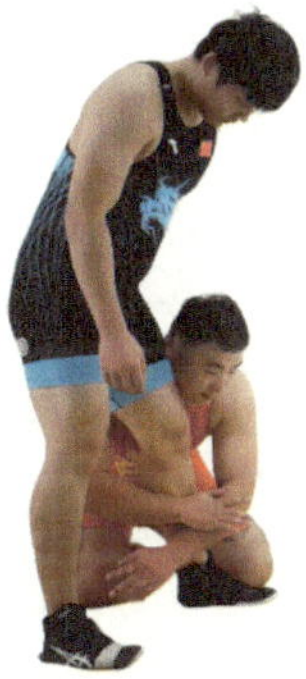

图 106A

图 106B

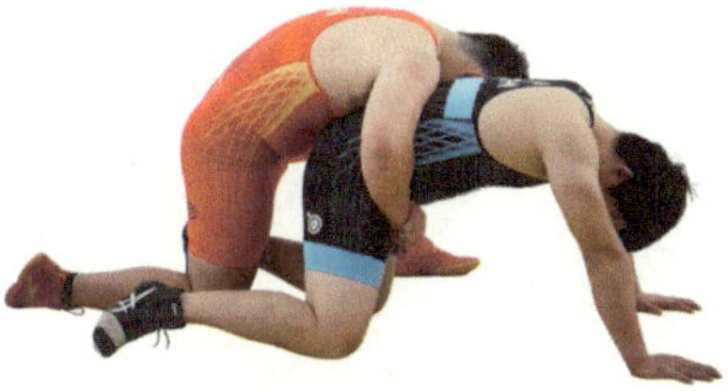

图 106C

动作要求：右手扣紧对手膝盖位置，手别时向前挤压对手。

17. 反拉臂穿腿

练习方法：站立姿势，红方左手拿紧蓝方右手腕，红方右手反拉蓝方右手臂到自己右斜下方，同时红方左脚上步跪腿于蓝方两腿之间，红方左手伸入蓝方两腿之间，并穿过抱住左大腿，红方右手拉臂上肩，红方左手搂紧蓝方左大腿，红方头部贴紧蓝方左腋下，抬头挺胸，蹬腿发力，向右侧将其摔倒（反拉右臂穿腿动作与反拉左臂穿腿动作方法一致但方向相反）。（图107A—C）

图 107A

图 107B

图 107C

动作要求：拉臂上步穿腿要迅速，拿紧大臂挺胸抬头向右发力。

18. 前穿腿

练习方法：站立姿势，红方左手拿紧蓝方右大臂，红方右手扣住蓝方颈部或准备进攻状态，红方左手掀臂拉把，同时右脚上步于蓝方两腿之间，并低头下潜，红方右手伸入蓝方两腿之间穿过并环抱右大腿，红方头从蓝方右腋下钻过，红方左腿跟步于蓝方右脚外侧并跪膝，挺胸抬头，双手收紧，顶肩扛起，向左发力，将其摔倒（左手掀臂穿腿动作与右手掀臂穿腿动作方法一致但方向相反）。（图108A—C）

图 108A

图 108B

图 108C

动作要求：拿紧对手把位，并贴紧对手，挺胸抬头。

19. 侧穿腿

练习方法：站立姿势，红方左手拿紧蓝方右大臂，红方右手准备进攻状态或扣住蓝方颈部，红方左手掀臂拉把，同时右脚上步跪腿于蓝方两腿之间，低头下潜，红方右手伸入于蓝方两腿之间并环抱右腿，红方头从蓝方右腋下钻过，红方左手拉紧蓝方右大臂，贴紧蓝方右腋下，红方左脚上步并盘抱蓝方右腿，红方双手收紧抱住蓝方右腿坐下，穿腿向左侧发力，将其摔倒（右侧穿腿动作与左侧穿腿动作方法一致但方向相反）。（图109A—C）

图 109A

图 109B

图 109C

动作要求：拿紧对手手臂，做动作时要快速连贯，挺胸抬头。

20. 后穿腿

练习方法：站立姿势，红方左手拿紧蓝方右大臂，红方右手扣住蓝方颈部或准备进攻状态，红方左手掀臂拉把，红方右脚上步并左脚跟步跪于蓝方两腿之间，同时红方右手伸入蓝方两腿之间并穿过环抱右腿，红方头从蓝方右腋下钻过，红方右手抱紧蓝方右大腿，身体贴紧蓝方，挺胸抬头，红方左手拉臂发力，向后穿腿摔倒，落地瞬间转体形成扣或压双肩状态（右穿腿动作与左穿腿动作方法一致但方向相反）。（图110A—B）

图 110A

图 110B

动作要求：上步跟步要迅速，挺胸抬头，把位收紧向后发力。

21. 圈头穿腿

练习方法：站立姿势，红方左手抓握蓝方右大臂，红方右手扣住蓝方颈部，红方右手向下扒头带动，并右脚撤步，同时红方右手反圈蓝方头颈部，红方左手下拉并立即左脚上步跪于蓝方两腿之间，红方左手前伸从蓝方两腿之间穿过并环抱左腿，挺胸抬头，穿腿向右发力，将其摔倒，并形成压或扣双肩状态（右手臂圈头穿腿动作与左手臂圈头穿腿动作方法一致但方向相反）。（图111A—B）

图 111A

图 111B

动作要求：拿紧把位，挺胸抬头，向右发力。

第二节　自由式摔跤运动站立反攻技术练习

站立反攻动作（以红方为例）

动作示范

1. 外拿臂搭扣反攻抱单腿

练习方法：站立姿势，红方左手臂被蓝方外拿臂搭扣时，红方右手推蓝方头部，红方头部顶住蓝方颈部或侧脸部位，随后红方右手扣紧蓝方左大臂或肘关节向上拉，同时红方右脚上步于蓝方左脚前方，红方右手拉动蓝方左臂，红方头从蓝方左腋下钻过，红方左手伸入蓝方两腿之间，并双手抱住蓝方左腿搭扣收紧，红方头部贴紧蓝方左侧髋部，红方右脚撤步砸肩下压蓝方左腿，将其摔倒（外拿左臂搭扣抱单腿动作与外拿右臂搭扣抱单腿动作方法一致但方向相反）。（图112A—C）

图 112A

动作要求：做动作时头部一定要顶住对手以免失去有利把位。

图 112B

图 112C

2. 外拿臂转体反攻抱单腿

练习方法：站立姿势，红方右手臂被蓝方外拿臂控制把位时，红方身体要站在蓝方左侧前方位置，被红方控制右手臂一定要发力处于紧张状态，随后红方向左转体180度或更大角度，同时被拿右手臂甩臂，红方左手伸入蓝方两腿之间穿过，并环抱左腿，双手抱腿搭扣收紧，红方头部贴紧蓝方左侧髋部，红方右脚撤步砸肩下压蓝方左腿，将其摔倒（外拿右臂转体抱左腿动作与外拿左臂转体抱右腿动作方法一致但方向相反）。（图113A—C）

图 113A

图 113B

图 113C

动作要求：在被对手拿住把位时，一定要带动对手不让拿紧把位，做动作时要快速连贯。

3. 后倒背反攻推头

练习方法：站立姿势，红方在被蓝方做后倒背卷紧右手臂时，红方右大臂要时刻保持紧张发力状态，同时红方身体重心下降，随后红方挺腹左手推蓝方头部并侧身向后方移动逃脱危险状态（后倒背左手推头动作与后倒背右手推头动作方法一致但方向相反）。（图114A—C）

图 114A

图 114B

图 114C

动作要求：在对手做动作时一定要比对手提前做出反应，挺腹推头抽手。

4. 潜抱反攻崴

练习方法：站立姿势，红方在被蓝方双手抱住自己腰部时，红方左手拿紧蓝方右大臂，红方右手臂从蓝方左腋下反穿过，并圈左臂，随后红方左脚背步，转体填腰，蹬腿发力，转腰背脸，双手把位收紧向前崴，将其摔倒，并形成压双肩动作（潜抱反攻右崴动作与潜抱反攻左崴动作方法一致但方向相反）。（图115A—C）

图 115A

动作要求：在对手下潜抱腰时，身体要预留一定的反攻发力空间，右手圈臂左手搂臂收紧，迅速背步转体填腰。

图 115B

图 115C

5. 抱单腿反攻抱腰掀

练习方法：站立姿势，红方在被蓝方双手抱住右腿时，红方右手摁住蓝方头部，或者不让蓝方头部贴紧，重心下蹲红方右手换把反抱蓝方腰部，红方左手搂住蓝方右脚踝或小腿位置，红方坐下向左前方贴紧蓝方为右肩部腾出空间，红方向后抱腰搂腿发力，蹬腿转腰发力，将其摔倒（抱右腿反攻抱腰掀动作与抱左腿反攻抱腰掀动作方法一致但方向相反）。（图116A—C）

图 116A

图 116B

图 116C

动作要求：右手摁紧对手头部，抱紧对手腰部，搂紧对手小腿，蹬腿发力。

6. 双抱腿反攻勾子

练习方法：站立姿势，红方在被蓝方双手抱住双腿时，红方左手拿紧蓝方右大臂，红方右手圈紧蓝方左肩臂，同时红方左脚背步于蓝方两腿之间，转体填腰，红方右腿插入蓝方裆内向后向上挑腿勾子，挑腿发力，双手把位收紧，低头背脸，将其摔倒（双抱腿反攻右腿撩勾子动作与双抱腿反攻左腿撩勾子动作方法一致但方向相反）。（图117A—B）

图 117A

图 117B

动作要求：对手下潜抱腿时，背步转体，挑腿发力，支撑腿挺膝。

7. 抱单腿反攻抽腿转移

练习方法：站立姿势，红方在被蓝方双手抱住右小腿时，红方右手推蓝方头部，并迅速向左转体，同时红方双手撑垫，绷直脚面，右腿向前抽出，快速收腹转移，红方低站立姿势与蓝方面对面并做出进攻状态，红方左脚上步于蓝方两腿之间，红方左手伸入蓝方两腿之间穿过，并抱左腿，进行反攻处理（抱右腿反攻抽腿转移动作与抱左单腿反攻抽腿转移动作方法一致但方向相反）。（图118A—C）

图 118A

图 118B

图 118C

动作要求：在被对手抱住小腿时，转体同时抽腿收腹，身体向前爬行发力一定要快，

8. **抱单腿反攻后空翻**

练习方法：站立姿势，红方在被蓝方双手抱住右腿并向上提至胸前状态时，红方双腿向上起跳，向后后空翻快落地时，双手前伸抱住蓝方左腿，红方双手抱腿搭扣收紧，起身将蓝方左腿拉至两腿之间，红方头贴紧蓝方小腹，红方右脚撤步枕肩下压蓝方左腿，将其摔倒（抱右腿反攻后空翻动作与抱左腿反攻后空翻动作方法一致但方向相反）。（图119A—C）

图 119A

图 119B

图 119C

动作要求：动作一定要快速连贯，借对方拉腿上抱时快速发力后空翻。

9. 抱腿反攻推臂翻上

练习方法：站立姿势，红方在被蓝方抱住右腿坐下，并没有失分状态时，红方右手臂向下挤压住蓝方头部并抱腰，红方左手搂住蓝方腰腹部，被抱右腿一定要微屈发力收住，随后红方左手推蓝方撑垫左手臂，并身体快速转体，跨到蓝方身后，同时红方控制住蓝方完成反攻动作（抱右腿反攻推臂翻上动作与抱左腿反攻推臂翻上动作方法一致但方向相反）。（图120A—C）

图 120A

图 120B

图 120C

动作要求：在被对手抱住腿坐下时，一定要含胸收腹，摁住或挤住对手头部以免对手进行连接处理。

10. 抱小腿掐头转移

练习方法：站立姿势，红方在被蓝方双手抱住右小腿并在身后状态时，红方快速用自己臀部压住蓝方左肩颈部，同时红方右手摁住蓝方头颈部，红方左腿后蹬发力支撑好重心，随后红方向自己左侧方向转体，并搂住蓝方左小腿或腰背部位置，红方转移到蓝方身后要快速控制（抱右腿掐头转移动作与抱左腿掐头转移动作方法一致但方向相反）。（图121A—C）

图 121A

动作要求：转体翻转时一定要往前发力带动一下，让对手抱住自己的把位松动，发力时要快速连贯。

图 121B

图 121C

11. 抱腿反攻剪刀腿

练习方法：站立姿势，红方在被蓝方双手抱住右腿上提时，红方右手拿住或搂住蓝方左手臂，调整自己身体重心状态，随后红方含胸收腹左脚跳步于蓝方两腿后方，并抬起来左腿横插至蓝方两腿膝窝处，同时红方左手撑垫，右手拉臂发力，双腿交叉发力，红方快速转体控制蓝方上肢完成反攻动作（抱右腿反攻剪刀腿动作与抱左腿反攻剪刀腿动作方法一致但方向相反）。（图122A—C）

图 122A

图 122B

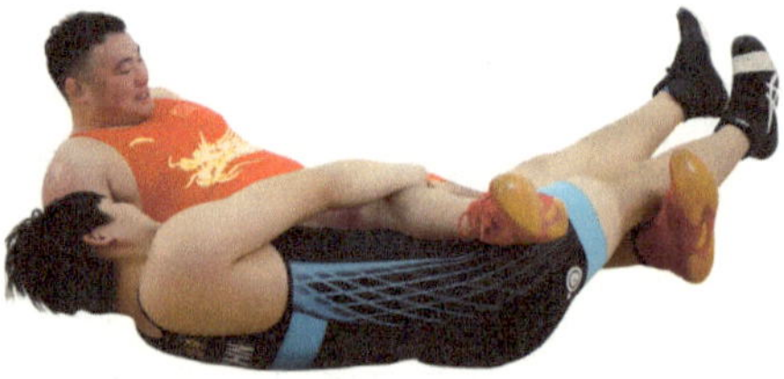
图 122C

动作要求：做动作时一定要调整好自己身体重心，并在自己腿被抱住成现什么状态下使用，做动作时一定速度要快。

第三节　自由式摔跤运动跪撑技术练习

跪撑动作（以红方为例）

动作示范

1. 圈颈掀臂翻

练习方法：跪撑姿势，红蓝双方面对面跪撑，红方抱住蓝方肩颈，红方左手从蓝方右腋下掏出，红方右手圈紧蓝方颈部，红方头部贴紧蓝方，红方用自己胸部压紧蓝方头部，红方左脚上步于蓝方身体右侧，同时红方右手掀臂发力，向蓝方左侧方向掀去，红方右手圈颈收紧，并形成扣双肩动作（左手掀臂翻动作与右手掀臂翻动作方法一致但方向相反）。（图123A—C）

图 123A

图 123B

图 123C

动作要求：在圈住对手颈部时一定要用胸部压紧以免对手逃脱。

2. 扣颈杠杆翻

练习方法：跪撑姿势，红方跪立于蓝方右侧，红方右手臂在蓝方右腋下由后向前穿过握住头颈，红方左手臂压抱蓝方腰部，紧接着红方右手臂用力撬压蓝方右肘关节和头颈部，蹬腿发力，同时红方用上体搓挤蓝方上身右侧，将蓝方翻过去并控制住，形成扣双肩状态（右手扣颈杠杆翻动作与左手扣颈杠杆翻动作方法一致但方向相反）。（图124A—B）

图 124A

图 124B

动作要求：压紧对手不让在作动时候成高跪撑状态。

3. 圈肩颈滚桥

练习方法：跪撑姿势，红蓝双方面对面跪撑，红方右手圈住蓝方颈部，红方左手拉紧蓝方右大臂，并双手肩颈搭扣收紧，红方用胸部压紧蓝方头部，红方左手臂向里夹紧蓝方右大臂，红方头部在蓝方右侧，同时红方两腿蹬垫发力，向左侧方向旋转滚桥，回到原来姿势（右圈肩颈滚桥动作与左圈肩颈滚桥动作方法一致但方向相反）。（图125A—C）

图 125A

图 125B

图 125C

动作要求：发力时把位一定要收紧，做动作时一定要快。

4. 拿臂翻

练习方法：跪撑状态，红方左手拿紧蓝方左手腕，红方向下拉蓝方左手臂，同时红方右手从蓝方左腋下由后向前穿过，并搂蓝方左大臂抱紧，转身向蓝方右侧掀臂挤压发力，并形成扣双肩状态（拿左臂掀动作与拿右臂掀动作方法一致但方向相反）。（图126A—B）

图 126A

图 126B

动作要求：拿臂时一定要快，用自己身体挤住对手，肩部也要顶住对手肩部，掀臂时一定要快。

5. 抱胸滚桥

练习方法：跪撑状态，红方在后面抱住蓝方胸部，双手搭扣勒紧，两脚蹬垫，用自己头部或胸部挤住蓝方左肩背，同时红方双手向上提拉发力，使蓝方左臂失去支撑，然后红方前额着垫，向头部方向蹬腿，向蓝方左肩斜上方顶桥，挺髋成桥，向左滚桥发力，将蓝方滚桥翻过去，随后回到起始状态（抱胸左滚桥动作与抱胸右滚桥动作方法一致但方向相反）。（图127A—C）

图 127A

图 127B

图 127C

动作要求：抱胸滚桥时双手一定要搭扣收紧，蹬腿发力时要往上提拉砸肩。

6. 抱腰滚桥

练习方法：跪撑姿势，红方在后面抱住蓝方腰部，双手搭扣勒紧，两脚蹬垫，使红方左腹靠近蓝方左臀部，红方左肩部挤压蓝方左背部，双手抱紧用力，使蓝方左肩失去支撑，向蓝方左肩斜上方顶桥，向左滚桥，然后红方前额着垫，向头部方向蹬腿，挺髋成桥，将蓝方滚桥翻过去，随后回到起始状态（抱腰左滚桥动作与抱腰右滚桥动作方法一致但方向相反）。（图128A—C）

图 128A

图 128B

图 128C

动作要求：双手要搭扣勒紧，压肩蹬腿，挺髋成桥要连贯。

7. 抱髋滚桥

练习方法：跪撑姿势，红方在后面抱住蓝方髋部，双手搭扣勒紧，两脚蹬垫发力，使红方左腹靠近蓝方左臀部，红方左肩部挤压蓝方左腰髋部，红方双手抱紧用力，使蓝方左肩失去支撑，向蓝方左肩斜上方顶桥，向左滚桥，然后红方前额着垫，向头部方向蹬腿，挺髋成桥，将蓝方滚桥翻过去，随后回到起始状态（抱髋左滚桥动作与抱髋右滚桥动作方法一致但方向相反）。（图129A—C）

图 129A

图 129B

图 129C

动作要求：滚桥时双手一定要搭扣勒紧对手髋部，做动作前一定要往上提砸肩向左发力。

8. **抱腿滚桥**

练习方法：跪撑姿势，红方在后面双手向下从蓝方两腿外侧抠起，并伸入抱住蓝方两大腿搭扣勒紧，两脚蹬垫，使红方左腹靠近蓝方左腿，红方左肩部挤压蓝方左腰髋部，红方双手抱紧用力，使蓝方左肩失去支撑，向蓝方左肩斜上方顶桥，向左滚桥，然后红方前额着垫，向头部方向蹬腿，挺髋成桥，将蓝方滚桥翻过去，随后回到起始状态（抱腿左滚桥动作与抱腿右滚桥动作方法一致但方向相反）。（图130A—B）

图 130A

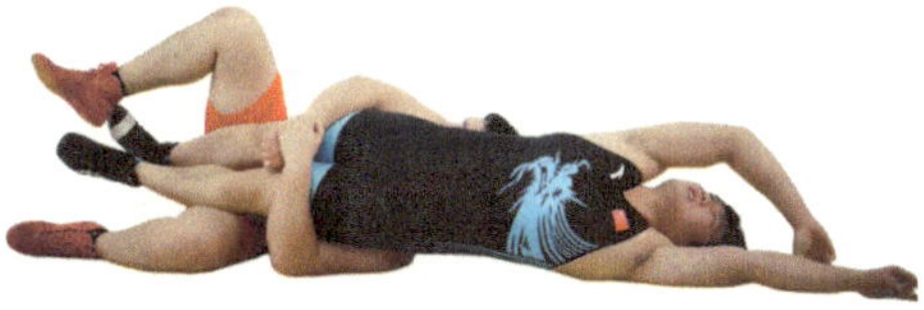

图 130B

动作要求：滚桥时双手搭扣勒紧，以免对手逃脱，发力时要果断快速连贯。

9. **交叉小腿翻**

练习方法：跪撑姿势，红方在后面控制住蓝方，红方左手握住蓝方左小腿并拉紧，红方右手抱腰，左手拉蓝方左小腿并放在自己左大腿上，然后红方右手换握蓝方左大腿，红方右肩挤压住蓝方腰臀，红方用右腿骑住蓝方右腿，并从蓝方右腿外侧挤住，红方右腿从蓝方右腿下伸入，同时红方左手从蓝方两小腿之间穿过，并掏右小腿，红方左手交叉握紧蓝方右小腿，红方左手向左用力，顶桥向后，翻转滚桥，翻过去（交叉握右小腿动作与交叉左小腿动作方法一致但方向相反）。（图131A—C）

图 131A

图 131B

图 131C

动作要求：交叉小腿滚桥时一定要顶住对手腰臀部，换手要快收紧交叉腿。

10. **反抱大腿翻**

练习方法：跪撑姿势，红方跪立在蓝方右侧，红方右手从下穿过蓝方左大腿与左手在蓝方裆中双手搭扣，红方用右大臂和上体右侧压住蓝方背部，红方右腿插入蓝方右大腿和右髋下，红方用双手向上提拉蓝方左腿，同时红方用右大臂和右腋下压蓝方上体，蹬腿挺髋，鳖蓝方腰部，随后红方双手发力向上提起蓝方，红方左脚上步站起，右脚跟步，向右后方摔倒，以右肩着垫，落地时看蓝方状态，松开把位或继续拿紧把位（反抱左大腿翻动作与反抱右大腿翻动作方法一致但方向相反）。（图132A—C）

图 132A

图 132B

图 132C

动作要求：做动作时一定要在对手斜侧身方向，不要在对手头部前方以免对手抱腿反攻，发力时要快速果断。

11. 骑缠握下颌翻

练习方法：跪撑姿势，红方骑在蓝方后面俯身左手撑垫，红方用两腿夹住蓝方右腿，红方右手握住蓝方右脚踝上拉，红方上体压住蓝方上体，红方两腿夹住蓝方右腿，同时红方右腿微屈盘住蓝方右腿，并勾住自己左腿搭扣，随后用腿勾住向上提，双腿蹬垫并向右背腿，同时红方用右手扣住蓝方头部或下颌向右用力，挺髋向蓝方左前方骑并向左翻滚，将蓝方向侧翻过去并控制住，形成压双肩状态（骑缠右腿握下颌翻动作与骑缠左腿握下颌翻动作方法一致但方向相反）。（图133A—C）

图 133A

图 133B

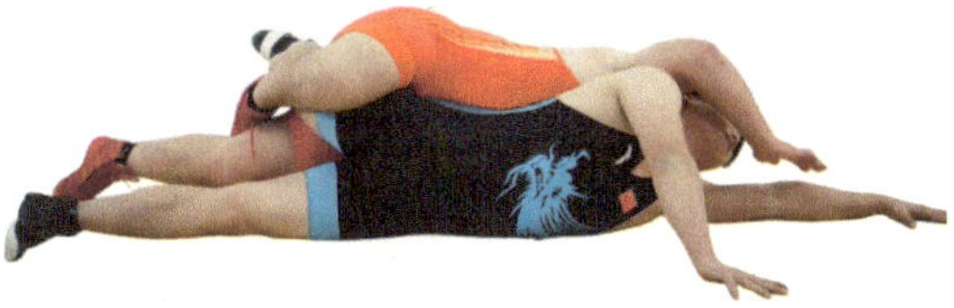

图 133C

动作要求：做动作时一定要先把对手右腿骑住，并右手搂住对手头部或下颌。

12. 反提抱

练习方法：跪撑姿势，红方跪立蓝方右侧，红方双手反抱蓝方腰部，红方用身体右侧挤压住蓝方身体右侧，然后红方双手搭扣上提蓝方腰腹，红方右脚上步并左脚跟步站起，两腿微屈，蹬腿发力，向上提起，挺髋抬头，向后发力，将其摔倒（右侧反提抱动作与左侧反提抱动作方法一致但方向相反）。（图134A—C）

图 134A

图 134B

图 134C

动作要求：提抱时双手一定要收紧对手腰腹，挺胸抬头向后发力。

13. 拉臂侧挤

练习方法：跪撑姿势，红方跪立在蓝方左侧，红方左手前伸从蓝方左腋下掏出，并搂住蓝方右大臂，右手搂紧蓝方腰背，胸腹挤压蓝方腰背，然后转移到蓝方左侧方向，同时红方蹬腿发力向蓝方右侧挤压翻过去，并形成压双肩状态（拉右臂侧挤动作与拉左臂侧挤动作方法一致但方向相反）。（图135A—C）

图 135A

图 135B

图 135C

动作要求：做动作时一定要拿紧对手把位，向右侧挤压发力。

14. 挑腿翻

练习方法：跪撑姿势，红方右手搂住蓝方右小腿，红方左手摁住蓝方肩背，红方右小腿跪于蓝方左小腿上，红方右手上拉蓝方右小腿，并向左侧倒，同时用压住蓝方右腿向上勾挑发力，将蓝方向侧翻过去，根据蓝方状态继续控制把位，或松开回到原始状态（挑左腿翻动作与挑右腿翻动作方法一致但方向相反）。（图136A—B)

图 136A

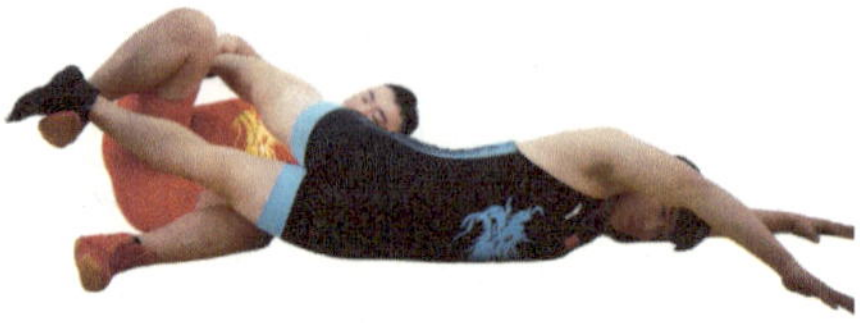

图 136B

动作要求：做动作时一定要压住对手左小腿，并左手摁住对手肩背，做动作速度一定要快。

15. 圈颈搂臂手别

练习方法：跪撑姿势，红蓝双方面对面跪撑，红方右手圈住蓝方颈部，红方左手搂紧蓝方右大臂，并用右肩顶住蓝方左肩部，同时红方两腿站起，然后右手从蓝方胸下伸出，并塞右肩翻腕，按住蓝方右膝外侧，红方左手拉紧蓝方右手臂，并成左弓步，右脚蹬垫发力，转腰背脸，手别发力，将其摔倒，并形成压双肩状态（搂臂右手别动作与搂臂左手别动作方法一致但方向相反）。（图137A—B)

图 137A

图 137B

动作要求：做动作时一定要把肩部塞进去，拉紧对手大臂，蹬腿发力，转腰背脸。

第四节　自由式摔跤运动跪撑反攻技术练习

跪撑反攻动作（以红方为例）

动作示范

1. 拉臂甩头转移

练习方法：跪撑姿势，红蓝双方面对面跪撑，红方被蓝方圈住颈部时，红方左手拿紧蓝方右大臂，不让蓝方容易做出下一步动作，红方左脚上步于蓝方右腿外侧，同时红方甩头左手搂蓝方腰部，红方右手向下掏蓝方右臂，甩头拉臂同时发力，快速转移至蓝方身后，并控制蓝方以免逃脱（拉右臂甩头转移动作与拉左臂甩头转移动作方法一致但方向相反）。（图138A—C）

图 138A

图 138B

图 138C

动作要求：甩头时一定要先把对手圈住自己手臂带动一下，甩头时颈部绷紧，以免受伤。

2. 跪撑夹臂翻

练习方法：跪撑姿势，红方在被蓝方搂后腰时，但没输分情况下，红方左手拿紧蓝方左手腕，红方左臂夹住蓝方左臂，红方左腿前移，臀部向左外移，并向左侧倒，紧跟着快速转体发力，红方左臂继续夹拉蓝方左臂不能松开，红方将蓝方从背上掀过去，可继续夹或拿蓝方手臂，形成压双肩状态（跪撑夹左臂翻动作与跪撑夹右臂翻动作方法一致但方向相反）。（图139A—C）

图 139A

图 139B

图 139C

动作要求：夹臂时一定要拿或夹紧对手手臂，以防松开让对手得分，侧滚翻尽量要加上撩腿动作，大幅度带动对手。

3. 抱肩颈甩头手别

练习方法：跪撑姿势，红蓝双方面对面跪撑，红方在被蓝方圈头状态下，红方左手拉紧蓝方右大臂，随后红方右手伸入蓝方右膝外侧按腿，并塞肩翻腕发力，红方左手拉臂收紧，身体向蓝方右前方挤发力，并形成压双肩状态（抱肩颈甩头右手别动作与抱肩颈甩头左手别动作方法一致但方向相反）。（图140A—C）

图 140A

图 140B

图 140C

动作要求：做动作之前一定要拿紧对手右大臂，头部顶住对手腋下。

4. 跪撑翻上

练习方法：跪撑姿势，红蓝双方面对面跪撑，红方在被蓝方圈住双腋下时，红方右手拿紧蓝方左手腕，红方右脚向斜前方上步于蓝方右腿外侧，同时红方右大臂夹紧蓝方搭扣左小臂，红方头从蓝方右腋下钻出挺髋抬头，红方双拿腕与夹臂把位收紧发力，挺腹向后发力，落地时一定要夹紧或拿紧蓝方双臂，以防逃脱或形成压双肩状态（跪撑右翻上动作与跪撑左翻上动作方法一致但方向相反）。（图141A—C)

图 141A

图 141B

图 141C

动作要求：挺髋时一定要快并夹紧手臂，红方头从蓝方右腋下钻出。

5. **高跪撑翻上**

练习方法：跪撑姿势，红方在被蓝方搂住后腰时，红方双腿不要在蓝方两腿之间，红方要保留一条腿在蓝方右腿外侧，随后红方右腿向左斜前方上步，同时红方转体左手伸入蓝方两腿之间并抱左腿，红方迅速转移至蓝方后腰进行处理（高跪撑翻左上动作与高跪撑右翻上动作方法一致但方向相反）。（图142A—C）

图 142A

图 142B

图 142C

动作要求：做动作之前不让对手收紧，提前做出动作要快于对手，翻转时快速连贯。

6. **掀肘转移翻上**

练习方法：跪撑姿势，红蓝双方面对面跪撑，红方在被蓝方圈颈部时，红方左手拿紧蓝方右大臂，随后红方右脚向斜前方上步于蓝方右腿外侧，同时身体快速转体翻上，红方右手圈蓝方颈部，红方左手拉蓝方右手臂，并控制蓝方颈部与把位（掀肘转移右翻上动作与掀肘转移左翻上动作方法一致但方向相反）。（图143A—C）

图 143A

图 143B

图 143C

动作要求：做动作时一定要快速连贯，转体后快速回到安全位置。

7. 高位跪撑撤腿挤

练习方法：跪撑姿势，红方在被蓝方搂后腰状态下，红方右腿向后撤步于蓝方左腿后侧，并挤住蓝方左腿，同时红方右手伸入蓝方两腿之间并穿过搂住蓝方右腿，形成反向挤腿动作，红方头部与背部贴紧蓝方小腹，红方向后靠背发力，红方右手搂腿发力，将其挤到（高位跪撑撤右腿挤动作与高位跪撑撤左腿挤动作方法一致但方向相反）。（图144A—C）

图 144A

图 144B

图 144C

动作要求：做动作时撤腿和搂腿要同时并且速度要快。

第六章

自由式摔跤运动双人力量与摔布人练习方法

第一节 自由式摔跤运动压桥与托桥练习

一、压桥动作（以红方为例）

1. 圈腋下压双肩

练习方法：跪撑姿势，红方双手从蓝方双腋下穿过搭扣，并用自己胸部压住蓝方头部，红方头部贴紧蓝方胸部，双腿打开微屈，两脚蹬垫以免蓝方逃脱。（图145）

图 145

动作要求：压住对手以后两腿一定要分开，形成一个支撑力，胸部贴紧对手。

2. 圈头压双肩

练习方法：跪撑姿势，红方左手臂圈住蓝方头颈部，右手从蓝方左腋下穿过，并搂紧左肩臂，身体与蓝方形成一个“十”字交叉状态，双腿打开压髋，压住并左手向上提蓝方头颈部（搂左臂圈头压双肩动作与搂右臂圈头压双肩动作方法一致但方向相反）。（图146）

图 146

动作要求：压住对手以后两腿一定要分开，形成一个支撑力，髋部不要压在对手身体上。

3. 搭扣压双肩

练习方法：跪撑姿势，红方双手在蓝方肩颈下搭扣，并用自己胸部压住蓝方胸部，下颏贴紧蓝方胸部，双腿打开微屈，两脚蹬垫以免蓝方逃脱（左肩颈搭扣压双肩动作与右肩颈搭扣压双肩动作方法一致但方向相反）。（图147）

图 147

动作要求：压住对手以后两腿一定要分开，形成一个支撑力，双手搭扣时不要垫在对手肩部下。

4. 圈臂压双肩

练习方法：跪撑姿势，红方双手搂住蓝方两大臂，双腿打开腹部压紧蓝方头部，头部右侧脸贴紧蓝方腹部以免逃脱。（图148）

图 148

动作要求：压住对手以后，两腿一定要分开，形成一个支撑力，胸部贴紧对手，腹部一定压住对手头部，一定要搂紧或圈紧对手大臂。

5. 搂臂压双肩

练习方法：跪撑姿势，红方左手拿住或搂住蓝方右手臂，右手从蓝方左腋下穿过，并搂紧左臂，两腿分开微屈，侧胸部压住蓝方胸部，压髋同时双手发力把蓝方向上拉紧，转头背脸眼睛向左斜后方看，形成一个交叉力以免蓝方逃脱（右侧双手搂臂压双肩动作与左侧双手搂臂压双肩动作方法一致但方向相反）。（图149）

图 149

动作要求：压住对手以后，两腿一定要分开，形成一个支撑力，双手拿把位一定要搂紧，不要坐在垫上或腰、腹部在对手胸部上。

二、托桥动作（以蓝方为例）

压双肩托桥

练习方法：跪撑姿势，蓝方在垫子上成桥，红方在自己一侧形成压双肩状态，蓝方双手搭扣搂住红方腰腹部同时身体与红方身体快速贴紧，贴紧后迅速向左顶桥发力，完成托桥（右侧压双肩托桥动作与左侧压双肩托桥动作方法一致但方向相反）。（图150A—C）

图 150A

图 150B

图 150C

动作要求：落地时尽量把身体侧着不让对手压紧，一定要快速顶桥发力。

第二节　自由式摔跤运动桥上推人练习

桥上推人动作（以蓝方为例）

1. 头桥上推人

练习方法：做桥，蓝方成头手桥，两臂屈肘，手掌撑垫，两脚与肩同宽，红方两脚站于头前方一人远处，两人相对，红方双手撑于蓝方胸前并形成一字形，蓝方前后顶桥摆动。（图151A—B）

图 151A

图 151B

动作要求：颈部绷紧，前后摆动，两脚蹬垫发力。

2. 头桥上坐人摆动

练习方法：做桥，蓝方成头手桥，两臂屈肘，手掌撑垫，两脚与肩同宽，红方坐其腹或大腿上，两脚放置其两臂上，做桥者前后摆动，摆动幅度与桥摆一样。（图152A—B）

图 152A

图 152B

动作要求：头手成桥支撑，颈部绷紧，挺胸挺髋，两脚蹬垫发力。

3. 握脚踝过头翻

练习方法：做桥，蓝方成头手桥，双手握红方站立两脚踝，挺胸、收腹，两脚落垫至红方两脚外侧，两脚蹬垫发力，向前进行过头翻，成握脚踝过头翻。（图153A—B）

图 153A

图 153B

动作要求：挺髋蹬腿，两腿分开，双手握紧脚踝。

第三节 自由式摔跤运动背抱人练习

背抱人动作（以蓝方为例）

1. 背人跑

练习方法：站立姿势，蓝方把红方背在背后，红方双手搭扣搂住蓝方肩颈部，蓝方双手搂住红方大腿，向前跑进行练习。（图154）

图 154

动作要求：双手抱紧大腿，身体前倾抬头。

2. 穿腿跑

练习方法：站立姿势，蓝方把红方扛在肩上，左手拿红方右大臂，右手穿过于红方两腿之间，搂抱右大腿，挺胸抬头，向前跑进行练习。（图155）

图 155

动作要求：大腿和手臂双手收紧，腰背挺直。

3. 腋下背人跑

练习方法：站立姿势，蓝方左手拿红方右大臂，右手穿红方左腋下搂抱腰背，将红方背于腰背上，身体前倾抬头，向前跑进行练习。（图156）

图 156

动作要求：搂紧把位，身体前倾，横过于腰背，身体绷紧。

4. 揣人跑

练习方法：站立姿势，蓝方把红方背于腰后，左手拿红方右手腕，右手搂抱红方右大臂，右肩顶红方右腋下，身体前倾抬头，向前跑进行练习。（图157）

图 157

动作要求：握紧把位，身体绷紧。

5. 正抱跑

练习方法：站立姿势，蓝方双手搭扣搂抱红方腰背，抱于胸前，挺胸挺髋，身体后仰，向前跑进行练习。（图158）

图 158

动作要求：双手搭扣抱紧，挺胸挺髋。

6. 反抱跑

练习方法：站立姿势，蓝方双手搭扣从背后反抱红方腹前，把红方抱于胸前，身体后仰，红方两腿分开，蓝方向前跑进行练习。（图159）

图 159

动作要求：双手搭扣抱紧，挺胸挺髋。

7. 骑抱跑

练习方法：站立姿势，红方骑于蓝方腹前，蓝方双手搂紧红方大腿，红方双手搭扣搂抱蓝方颈部，两腿盘于蓝方腹腰，蓝方向前跑进行练习。（图160）

图 160

动作要求：双手搂紧大腿，挺腹抬头，腰背绷紧。

8. 捧人跑

练习方法：站立姿势，蓝方双手把红方横捧于胸前，双手上捧，挺胸抬头，身体绷紧，两臂上举，向前跑进行练习。（图161）

图 161

动作要求：双手臂上举搂紧，挺胸抬头。

9. 支撑捧人跑

练习方法：站立姿势，蓝方双手向前弯举，身体抬头后仰，红方双手撑握于蓝方两小臂，蓝方两臂平端，红方两腿微屈向后分开，蓝方向前跑进行练习。（图162）

图 162

动作要求：两肘贴肋，挺腹后仰，双手支撑握紧。

10. 抱单腿跑

练习方法：站立姿势，蓝方双手搭扣抱红方右大腿于腹前，挺胸抬头，向前跑进行练习。（图163）

图 163

动作要求：双手搭扣抱紧，腰背绷直。

11. 抱双腿跑

练习方法：站立姿势，蓝方双手抱红方两腿扛于右肩上，双手抱紧红方膝窝，挺胸抬头，向前跑进行练习。（图164）

图 164

动作要求：双手抱紧膝窝，右肩顶住腹部。

12. 反抱人跑

练习方法：站立姿势，蓝方双手搭扣把红方反抱于胸前，挺腹抬头，红方两腿向蓝方左肩后方微屈，右手搂紧蓝方腰背，左手扶于蓝方右大臂，蓝方向前跑进行练习。（图165）

图 165

动作要求：搭扣收紧于胸前，腰背绷直。

13. 撑肩跑

练习方法：站立姿势，蓝方双手打开平举，红方双手撑起于蓝方两肩上，蓝方两肩绷紧，向前跑进行练习。（图166）

图 166

动作要求：身体直立，重心平衡稳定。

14. 坐肩跑

练习方法：站立姿势，红方坐于蓝方两肩上，两脚后盘于蓝方腰部，蓝方两臂夹紧，或扶于红方两腿，向前跑进行练习。（图167）

图 167

动作要求：身体直立，保持平衡。

15. 头顶跑

练习方法：站立姿势，蓝方把红方顶在自己头部上方，红方两腿打开，双手扶蓝方两肩，蓝方头部顶红方腹部，双手举握红方两膝，身体直立，向前跑进行练习。（图168）

图 168

动作要求：重心保持平衡，腰背挺直，肩颈绷紧。

16. 盘腿腹前跑

练习方法：站立姿势，红方两腿盘腿于蓝方腰腹，蓝方挺腹挺胸，双手扶握红方腿部，红方卷腹勾头，身体绷紧，蓝方向前跑进行练习。（图169）

图 169

动作要求：挺腹挺胸，对手卷腹勾头，身体绷紧。

17. 反背腹前跑

练习方法：站立姿势，红方两腿反盘腿于蓝方腹腰，两脚勾紧，蓝方双手圈抱红方大腿，挺胸挺腹，红方双手放于背后，身体直立紧绷，蓝方向前跑进行练习。（图170）

图 170

动作要求：挺腹抬头，双手抱紧，两脚勾紧，腰背绷紧。

18. 抱膝跑

练习方法：站立姿势，蓝方双手搭扣搂抱红方右小腿，抱于胸前收紧，挺胸抬头，红方右手扣蓝方肩颈，或双手搭扣于肩颈，蓝方向前跑进行练习。（图171）

图 171

动作要求：双手搭扣收紧小腿，挺胸抬头。

19. 搂颈挺腹跑

练习方法：站立姿势，蓝方挺腹抬头并肩颈绷紧，双手自然下落，红方双手搭扣搂抱蓝方肩颈，腹部贴紧，两腿向后微屈，蓝方向前跑进行练习。（图172）

图 172

动作要求：肩颈绷紧向后仰头，双方腹部紧贴。

20. 圈颈跑

练习方法：站立姿势，蓝方挺腹抬头并肩颈收紧，红方双手搭扣于蓝方肩颈，蓝方身体绷紧，向前跑进行练习。（图173）

图 173

动作要求：身体直立，肩颈绷紧，搭扣收紧。

第四节　自由式摔跤运动摔布人练习

摔布人动作

1. 夹颈背

练习方法：站立姿势，蓝方双手肩颈搭扣，右脚上步，左脚背步，转体填腰，双手换把，右手夹布人肩颈，左手搂臂，两腿微屈，蹬腿发力，向两腿之间低头背脸，将其摔倒（右夹颈背动作与左夹颈背动作方法一致但方向相反）。（图174A—B）

图 174A

图 174B

动作要求：背步转体换把，重心不能后仰，蹬腿发力，低头背脸。

2. 腋下背

练习方法：站立姿势，蓝方左手拿布人右臂，右手搂布人左腋下，右脚上步，左脚背步，转体填腰，两腿微屈，蹬腿发力，叠腰背脸，将其摔倒（左腋下背动作与右腋下背动作方法一致但方向相反）。（图175A—B）

图 175A

图 175B

动作要求：双手把位搂紧，背步时重心不能后仰。

3．揣

练习方法：站立姿势，蓝方左手拿布人右臂，右手扣布人肩颈，右脚上步，左脚背步，转体填腰，右手松把抱布人右臂，两腿微屈，拿紧把位，蹬腿发力，叠腰低头，将其摔倒（抱右臂揣动作与抱左臂揣动作方法一致但方向相反）。（图176A—B）

图 176A

图 176B

动作要求：背步转体，填腰手臂搂紧。

4．搂抱过胸

练习方法：站立姿势，蓝方双手肩颈搭扣，左脚上步，右脚跟步，两腿微屈，挺胸挺髋，蹬腿发力，抬头向后发力，将其摔倒（左肩颈搂抱过胸动作与右肩颈搂抱过胸动作方法一致）。（图177A—B）

图 177A

图 177B

动作要求：双手搭扣收紧，上步挺髋，抬头挺胸。

5．抱腰过胸

练习方法：站立姿势，蓝方双手圈布人肩颈，左脚上步，右手换把，抱胸搭扣，挺胸挺髋，蹬腿发力，向后直体发力，将其摔倒。（图178A—B）

图 178A

图 178B

动作要求：双手搭扣收紧，挺胸抬头，蹬腿发力。

6. 提抱过胸

练习方法：跪撑姿势，蓝方两腿跪立布人左侧，右手从布人右侧伸入，左手从布人左侧抠起，双手搭扣，挺胸抬头上提布人，左脚上步，右脚跟步，双手收紧，蹬腿发力（右提抱过胸动作与左提抱过胸动作方法一致）。（图179A—B）

图 179A

图 179B

动作要求：双手搭扣收紧，挺胸抬头。

7. 旋儿

练习方法：站立姿势，蓝方左手圈布人右臂，右手从布人左腋下捧臂，左脚上步，腰腹贴紧布人，挺胸挺髋，向后旋转发力，将其摔倒（左圈臂旋儿动作与右圈臂旋儿动作方法一致但方向相反）。（图180A—B）

图 180A

图 180B

动作要求：把位收紧，腰腹贴紧，上步转体，挺胸挺髋。

8. 撅头

练习方法：蓝方跪立在布人前方，双手反圈布人肩颈并搭扣，腹部顶住布人头部，双手搭扣收紧，左脚上步，抬头挺胸，挺腹发力（右撅头动作与左撅头动作方法一致）。（图181A—B）

图 181A

图 181B

动作要求：双手搭扣收紧，挺胸挺髋，抬头向后发力。

第七章

摔跤竞赛规则及教练员准则

摔跤比赛是教学和训练的重要组成部分，对于普及摔跤运动、提高运动水平具有极其重要的作用。比赛不仅可以交流和总结教学与训练的经验，还能互相学习、增进友谊，共同提高摔跤技术水平。此外，比赛还能丰富人民群众的体育文化生活，推动摔跤项目的健康发展，并为科学训练和比赛提供重要指导。比赛的杠杆作用，可以充分展现摔跤快速、多变、主动、连贯的特点。

与其他体育运动项目一样，摔跤比赛需要遵守严格的行为规范和规则。摔跤的目的是通过合法的技巧和策略摔倒对方，使其双肩着地或以比分战胜对手。古典式摔跤和自由式摔跤在规则上有明显区别：

古典式摔跤：禁止抱握对手腰以下部位，做绊腿动作以及主动使用腿部动作。

自由式摔跤：允许抱握对手的大腿，做绊腿动作，允许积极地使用腿部动作。

双腋下握颈：此动作在女子摔跤中被禁止使用。

比赛规则应被所有运动员、教练员、裁判员和领队充分理解并严格遵守。要求上述从业人员以诚实、公平的原则从事摔跤项目，通过展现全面、非凡的摔跤技能来提高比赛的观赏性。

第一节　摔跤比赛的一般规定

一、比赛制度

- 比赛采用单败淘汰复活赛制。
- 每个级别的比赛在一天内结束，称量体重在比赛当天进行。
- 比赛流程：资格赛→淘汰赛→复活赛→决赛。

二、比赛安排

- 奥运会比赛：7天内完成，使用3块垫子。
- 成年世界锦标赛：9天内完成，使用4块垫子。
- 青年世界锦标赛：7天内完成，使用3块垫子。

• 经国际摔联同意，可根据报名运动员人数酌情增减1块垫子。

• 原则上，每单元比赛不得超过3小时。

• 在非国际摔联电视转播的赛事中，冠亚军决赛必须在同一块垫子上进行；三、五名决赛可在两块垫子上进行。

• 在国际摔联电视转播的赛事中，所有决赛（金、银、铜牌赛）必须在同一块垫子上进行。

三、赛前称重

• 各级别体重称量于比赛当天早上进行，持续30分钟。

• 所有参加称重的运动员必须出示注册卡和身份证。

• 运动员仅穿连体摔跤服参加称重，其重量包含在体重内。

• 运动员身体状况必须良好，指甲应剪短。

• 裁判员将按照抽签结果依次为运动员称重。

• 未参加或未通过称重的运动员将被淘汰，不得列入比赛名次。

四、摔跤比赛年龄与级别

（一）年龄组别

• 儿童组（U15）：14—15岁（经医务人员及家长证明，可下调至13岁）。

• 少年组（U17）：16—17岁（经医务人员及家长证明，可下调至15岁）。

• 青年组（U20）：18—20岁（经医务人员及家长证明，可下调至17岁）。

• 成年组（U23）：20岁及以上。

• 青年组运动员可参加成年组比赛，但18岁运动员需提交医务证明及父母授权书；17岁运动员不得参加成年组比赛。

（二）儿童组和少年组级别

1. 儿童组级别

• 古典跤和自由跤：(34—38) kg、41 kg、44 kg、48 kg、52 kg、57 kg、62 kg、68 kg、75 kg、85 kg。

• 女子跤：(29—33) kg、36 kg、39 kg、42 kg、46 kg、50 kg、54 kg、58 kg、62 kg、66 kg。

2. 少年组级别

• 古典跤和自由跤：(41—45) kg、48 kg、51 kg、55 kg、60 kg、65 kg、71 kg、

80 kg、92 kg、110 kg。

• 女子跤：(36—40) kg、43 kg、46 kg、49 kg、53 kg、57 kg、61 kg、65 kg、69 kg、73 kg。

（三）青年组和成年组级别

1. 古典式摔跤

• 奥运级别：60 kg、67 kg、77 kg、87 kg、97 kg、130 kg。

• 非奥级别：55 kg、63 kg、72 kg、82 kg。

2. 自由式摔跤

• 奥运级别：57 kg、65 kg、74 kg、86 kg、97 kg、125 kg。

• 非奥级别：61 kg、70 kg、79 kg、92 kg。

3. 女子摔跤

• 奥运级别：50 kg、53 kg、57 kg、62 kg、68 kg、76 kg。

• 非奥级别：55 kg、59 kg、65 kg、72 kg。

五、摔跤比赛时间与点名时间规定

（一）摔跤比赛时间

• 儿童组：每场2局，每局2分钟，中间休息30秒。

• 少年组：每场2局，每局2分钟，中间休息30秒。

• 青年组：每场2局，每局3分钟，中间休息30秒。

• 成年组：每场2局，每局3分钟，中间休息30秒。

（二）点名时间规定

• 运动员听到广播点名后，应自行前往比赛场地。

• 上一场比赛结束至下一场比赛点名，运动员应有20分钟的休息时间。

• 点名将进行3次，每次间隔30秒。3次点名后运动员仍未出场的，将取消比赛资格，不计名次，其对手被判为点名未到获胜。

六、摔跤比赛场地与器材

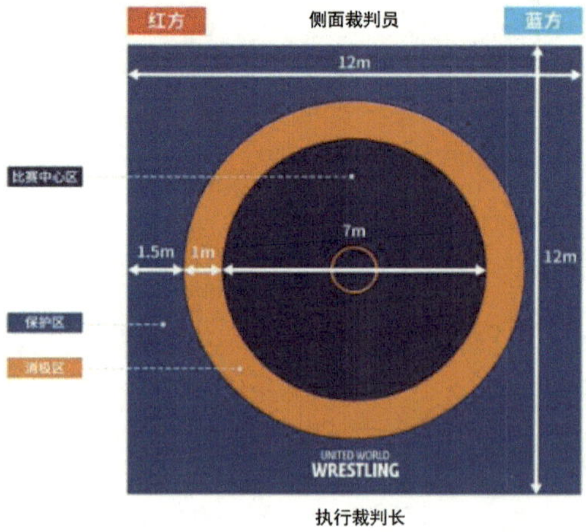

摔跤比赛场地

（一）摔跤比赛场地

- 中央圆圈（直径1米）：比赛开始及裁判宣布胜负的地点。
- 比赛中心区（直径7米）：红色带以内的区域。
- 消极区（宽1米）：红色带区域，属于比赛区边缘地带，出红圈即视为出界。
- 保护区：红色带以外的边缘区。

（二）摔跤比赛器材

- 比赛台。
- 训练热身场地。
- 技术官员工作台。
- 电子计时记分器、示分牌、抛掷球、双音哨和磅秤等。

第二节　摔跤比赛的裁判组

（一）裁判组的构成

在所有摔跤竞赛中，每场比赛的执行裁判组由以下人员构成：

- 1名执行裁判长。
- 1名场上裁判员。
- 1名侧面裁判员。

（二）裁判组工作职责

（1）确保比赛的公正性，避免任何偏袒。

（2）保障运动员安全：

- 预见运动员的潜在风险。
- 预防不必要的伤害事件发生。

（3）对动作及分值进行准确评估：

- 判断哪一方是进攻方。
- 判断运动员处于站立还是跪撑状态。
- 判断是否是冒险动作。
- 判断运动员是否处于危险状态。
- 准确认定双肩着地的情况。

（4）使用合适的裁判用语及手势：

- 准确掌握比赛开始和结束的流程。
- 准确进行场上口语提醒。
- 正确使用裁判手势。
- 准确展示认定的分值。

（5）掌控比赛：

- 制止非竞赛行为（如禁止动作、消极行为等）。
- 在突发事件面前保持冷静。

（三）不同裁判的工作职责

1．场上裁判员的职责

- 负责比赛的开始和暂停。
- 在出现相应动作时首先进行表态。
- 与执行裁判长和侧面裁判员紧密配合。
- 对场上运动员的各种行为进行口语提醒。
- 对场上的消极、警告以及双肩着地情况进行表态。
- 按照执行裁判长的提示宣布比赛获胜方。

2．侧面裁判员的职责

- 独立于场上裁判员进行比赛评分，给出个人意见。

• 通过正确举牌展示消极方及技术得分。
• 当非常规情况发生时，及时提醒整个裁判组。
• 准确填写比赛记录表。

3．执行裁判长的职责

• 与场上裁判员和侧面裁判员进行合作。
• 不首先给出得分意见。
• 当场上裁判员和侧面裁判员意见不一致时，选择支持一方意见。
• 对所有的消极、警告、双肩着地情况进行确认。
• 当比赛出现严重技术错误时暂停比赛。
• 对疑义技术动作进行合议。
• 正确填写比赛记录表。
• 宣布比赛获胜方。

第三节　摔跤比赛的获胜方式

摔跤比赛的获胜方式有以下几种。

一、双肩着地获胜

• 当防守运动员的双肩同时被对手固定在垫上，且有足够时间让场上裁判员观察确认双肩同时着垫达到1秒时，该情况被视为双肩着地。

• 在边线出现的双肩着地，运动员的双肩必须全部在红色区内，头部不能接触保护区。

• 在保护区内出现的双肩着地无效。

• 一旦出现双肩着地，任何一方均不得提出申诉。双肩着地必须由场上裁判员或侧面裁判员认定后，再由执行裁判长确认。

二、技术优势获胜

• 古典式摔跤：一局比赛中双方的比分相差8分，比赛立即结束，判定分值高的选手获胜。

• 自由式摔跤：一局比赛中双方的比分相差10分，比赛立即结束，判定分值高的选手获胜。

• 在出现技术优势获胜时，比赛中的直接进攻和反攻动作必须完成，不得提前暂停比赛。

三、得分获胜

比赛时间结束后，根据得分判定胜负：

• 常规得分获胜：两局或三局比赛结束后，分数高者获胜。

• 平分情况：如果比赛结束时双方平分，按以下规则判定获胜方（如下图）：

红	蓝	分　　析	结果
111	111	蓝方取得最后技术分	蓝方胜
12	111	蓝方取得最后技术分，红方拿到2分	红方胜
00111	1110	红方取得最后技术分，但红方有两个警告，蓝方一个警告	蓝方胜
111	120	蓝方取得2分，并最后得分，但有一个警告	蓝方胜
11100	00111	双方都有两个警告，蓝方运动员最后得分	蓝方胜

平分情况下的获胜判定

四、特殊情况获胜

• 受伤弃权：一方因伤无法继续比赛，对手获胜。

• 三次警告：因犯规被裁判警告三次的选手判负，对手获胜。

• 弃权或取消资格：一方弃权或因违反体育道德等被取消比赛资格，对手获胜。

五、其他获胜方式

• 高分值技术获胜：在一局比赛中使用动作一方得到一个5分分值的技术分，或得到两个3分分值的技术分，不管一局的比赛时间是否已到，本局比赛都要结束，判定得高分的运动员获胜。

• 消极判定获胜：在自由式摔跤中，如果裁判判定一方消极，且该方在规定时间内仍未得分，则对手获胜。

第四节　摔跤动作的分值及比赛名次分的判定

一、摔跤动作与分值

摔跤比赛中，一方将另一方摔成不同姿态所获得的技术分值不同，分值包括1分、2分、4分和5分。分值的判定主要依据被摔运动员的身体与垫子形成的角度。

（一）动作分值：1分

• 站立状态下，一只脚完全踏入保护区。

• 一方运动员申诉失败，对手得1分。

• 自由式摔跤中，强制30秒内未得分。

• 反攻（跪撑时防守方成功翻上）。

• 自由式摔跤中，对手逃出界外，逃避抓握，拒绝正确的开始姿势，使用犯规动作。

• 自由式摔跤中，跪撑状态下，防守运动员在裁判员提醒后仍不使用正确的跪撑起始姿势，进攻运动员得1分。

• 一方运动员成功完成动作，而对手正在进行不规范动作。

• 古典式比赛中，被判消极的运动员的对手得1分。

（二）动作分值：2分

• 一方运动员转移到对手身后并控制其成三点着地（二手和一膝、二膝和一手或一头）。

• 一方运动员使用正确且完全的动作将对手摔倒成三点着地、体侧着地或胸腹着地。

• 运动员将对手的背压倒，使其小于90度，包括使对手单手或双手撑地。

• 使对手双肩滚动。

• 防守运动员在站立状态下使用反攻动作，将对手摔成危险状态。

• 对手处于危险状态时，为脱离控制逃出界外。

（三）动作分值：4分

• 站立时，运动员使用连贯且流畅的动作将对手直接摔成危险状态。

• 将对手从垫上抱起后进行有效技术动作，并摔成危险状态，但幅度较小，即使进攻者的单膝或双膝跪在垫上。

• 运动员使用大幅度动作，但未使对手直接或立即处于危险状态。

（四）动作分值：5分

• 站立状态下，使用大幅度动作，并使对手直接且立即处于危险状态。

• 跪撑状态下，进攻运动员将对手抱提离垫面，并使用大幅度动作使对手直接且立即处于危险状态。

二、摔跤比赛名次分的判定

（一）胜者获得5分，负者获得0分

• 双肩着地胜利（无论对手是否获得技术分）。

• 受伤弃权。

• 弃权。

• 点名未到。

• 取消比赛资格。

• 因3个警告取消本场比赛资格。

（二）胜者获得4分，负者0分（VSU 4：0）

技术优势获胜，对手未获得技术分。

（三）胜者获得4分，负者1分（VSU1 4：1）

技术优势获胜，对手获得技术分。

（四）胜者获得3分，负者0分（VPO 3：0）

运动员在古典式比赛中以1至7分获胜，在自由式比赛中以1至9分获胜，对手未获得技术分。

（五）胜者获得3分，负者1分（VPO1 3：1）

运动员在比赛中，比分超出或后得分获胜，对手获得了技术分。

第五节　摔跤比赛判罚规则

一、判罚尺度

（一）4分与2分的区别

• 站立使用动作将对手摔成三点着地（二手和一膝、二膝和一手或一头）、体侧着地，得2分。

• 使用大幅度、腾空翻转动作，将对手摔至胸腹或体侧着地，得4分。

（二）消极判罚的程序

1．古典式摔跤

消极行为：阻挡、低头抵住对手，锁手指，不与对手胸贴胸接触，后退，连续推人而不使用技术动作，拿住有利把位不使用动作，等等。

• 第一次：口头提醒，不暂停比赛。

• 第二次：经执行裁判长同意后，给对手1分，并进行站立或跪撑姿势选择，每局比赛只能进行一次消极判罚。

2．自由式摔跤

消极行为：阻挡、阻挠对手，锁手指，不与对手积极接触，后退，连续推人而不使用技术动作，拿住有利把位不使用动作，等等。

• 第一次：暂停比赛，大声提醒消极运动员。

• 第二次：暂停比赛，进行强制30秒。

（三）指令性跪撑的处罚程序

指令性跪撑采用侧面低位跪撑姿势：

• 进攻方双手放在对手背上，双膝跪立垫上。

• 防守方腹部接触垫子中心地面，手臂向前伸开，腿向后伸开，两手和两脚与垫子接触。

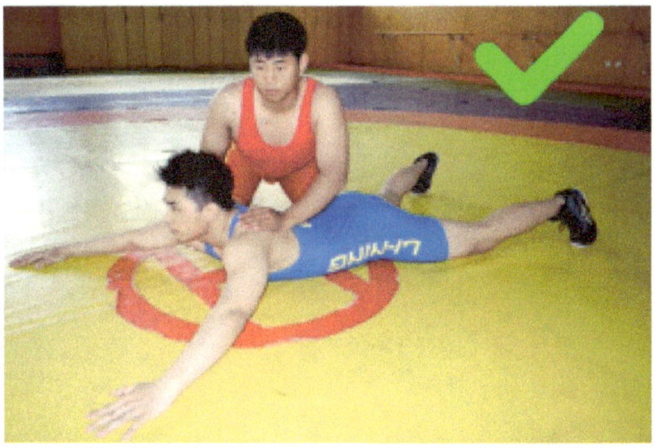

正确示范

错误示范

对拒绝遵守指令性跪撑运动员的处罚：

1. 上方运动员

- 第一次：口头警告。
- 第二次：取消跪撑姿势，从站立状态开始。

2. 下方运动员

- 第一次：口头警告。
- 第二次：警告，给对手2分，比赛继续从跪撑状态开始。

二、逃避抓握的判罚

当防守运动员有明显拒绝与对手接触、阻止对手使用动作的行为时，被认为是逃避抓握。这种情况在站立和跪撑状态下都可能出现，可能出现在比赛中心区或整个比赛区。逃避抓握将受到以下处罚。

（一）站立状态的逃避抓握

- 给逃避者1个警告（0）。
- 自由式摔跤：给对手1分。
- 古典式摔跤：给对手2分。
- 比赛从站立状态重新开始。

（二）跪撑逃避抓握

该办法适用于运动员向前逃出、逃避抓握的处罚；但运动员侧向移动以避免被抓握的行为为有效动作，不应受到处罚：

- 给逃避者1个警告（0）。
- 自由式摔跤：给对手1分。
- 古典式摔跤：给对手2分。

• 比赛从跪撑状态重新开始。

三、关于出界的判罚

（一）站立状态下出界的判罚

进攻方在做动作时一只脚踏入保护区：

• 如动作做成功，得到相应技术分。

• 如动作未做成功，裁判吹停，防守方得1分。

• 如进攻方将对手抱提起并控制，但随后做动作未能成功，则裁判吹停比赛，进攻方不失分。

（二）出界判罚尺度

（1）故意逃出界外：

• 自由式摔跤：罚1个警告，对手得1分。

• 古典式摔跤：罚1个警告，对手得2分。

• 危险状态逃出界外：警告2分，回中心圈跪撑开始。

（2）使用推人动作将对手推出界的，互不得分，比赛回中心圈站立开始。

（3）跪撑状态时，进攻方运动员在使用动作时已移出界外，只要对手头和肩还在红色区内，即使双方运动员的4条腿已出界，动作仍可继续。

（三）关于出界的判罚

• 从站立摔成臀部着地出界，防守方双手仍把持对手，未形成危险状态，进攻方得1分。

• 从站立摔成臀部着地出界，防守方单手或双手撑地，未形成危险状态，进攻方得2分；防守方形成危险状态，进攻方得4分。

• 在界内从站立摔成臀部着地，未形成危险状态，且防守方双手把持对手，则等待动作发展，如无发展则从站立状态重新开始，且互不得分。

四、摔跤犯规动作判罚

（一）犯规动作的判罚

当防守运动员有犯规动作出现时，场上裁判员应在不中断比赛的前提下制止该动作。如不会发生危险，裁判应允许动作发展并等待动作结束，然后暂停比赛，给犯规者1个警告并罚分。如果进攻方动作开始是正确的，但后来发展成犯规动作，犯规之前的动作有效，然后暂停比赛，给予犯规运动员口头提醒，无论之前跪撑还是站立，比赛从站立状态继续。如该运动员再次使用犯规动作，场上裁判员将暂停比赛，给犯规运动员1个警告，判对手得1分。当出现用头故意顶撞对手或有其他野蛮行为时，在执行裁判组一致同意的情况下，立即取消该运动员本场比赛资格，或以“比赛中出现粗鲁行为”取消其全部比赛资格，名次列最后。

（二）古典式摔跤犯规动作的判罚

在古典式摔跤中，禁止抱握对方臀部以下部位和用腿挤压臀部以下部位；所有用腿与对手身体接触并使用的推、压或提的动作也被严格禁止。

如果进攻运动员的腿在使用动作时非故意地接触或阻止了对方：

• 第一次犯规，停止比赛，口头警告。

• 第二次犯规，给予对手1分和犯规运动员警告（0）。

如果防守运动员的腿部犯规：

• 第一次犯规：停止比赛，给予对手2分和犯规运动员警告（0）。

• 第二次犯规，取消本场比赛犯规运动员的比赛资格。

第六节 摔跤比赛教练员准则

一、教练员规定

• 比赛期间，教练员应坐在摔跤比赛台下，或坐在距离垫子角部至少2米的地方。

• 当运动员受伤时，教练员可在获得国际摔联医生或大会医生授权后协助医生进行医务处理。除上述情况及中间休息时间外，教练员严禁踏上比赛垫。否则，场上裁判员可对其进行制裁。

• 教练员仅可指导运动员，严禁影响裁判判决或侮辱裁判。

• 教练员有权在30秒休息时间内为运动员提供饮用水，但不得提供除水以外的物品。教练员的职责还包括在中间休息时擦干运动员的身体。中间休息后，运动员身上不得有汗。

• 若不遵守上述规定，场上裁判员有权要求执行裁判长向教练员出示黄牌（警告）。若教练员继续违规，执行裁判长将向其出示红牌（取消整个比赛期间的执教资格）。执行裁判长也可根据情况直接向教练员出示黄牌或红牌。一旦出示红牌，执行裁判长须立即向总裁判长汇报，并取消该教练员整个比赛期间的执教资格。这些情况也须记录在比赛的计分表格上。

• 若教练员在一个竞赛期间累计获得两张黄牌（无论是否为同一场比赛），该教练员将被取消整个比赛期间的执教资格，与红牌处罚相同。

二、教练员申诉

• 当教练员对判罚有异议时，可代表运动员申请暂停比赛，要求仲裁及执行裁判长回看录像。此情况仅限于国际摔联和赛事组委会拥有录像控制权时。

• 教练员可按下为其准备的按钮示意申诉，须在裁判组给出判罚或未对某个动作给予分数后立即示意。如果运动员不同意教练员的申诉，他必须直接拒绝申诉，比赛继续进行。

• 如果比赛没有按钮系统用于申诉，承办方必须提供一个抛掷物，用于要求申诉。承办方有责任使用国际摔联竞赛管理系统，将录像投放到大屏幕上（每块垫子设一块大屏幕），且整个场馆均可看到。可以是液晶显示器或白色投影板。

• 如果回放系统出现故障，裁判组最初的判罚将被执行，教练员的申诉将被退回和保留。

三、教练员准则

• 教练员必须严格遵守赛区管理条例，端正赛风赛纪。主教练必须参加组委会及相关技术会议，否则将被取消临场指导资格。

• 进入比赛场地的教练员必须穿着运动服装，不允许穿着其他服装。

• 比赛期间，教练员必须在指定位置指挥运动员比赛，禁止干扰场上裁判员、侧面裁判员和执行裁判长的执裁工作。教练员只能指挥临场运动员，不得指挥裁判员或与裁判员理论。

• 当比赛出现争议时，教练员只能坐在座位上，按规定程序提出申诉。禁止教练员指使运动员停止比赛或拒绝接受判罚，否则将受到处罚。

• 当裁判员示意场上运动员需要治疗时，由大会医生为运动员进行治疗。

• 比赛结束后，教练员应等待对方运动员握手致敬，然后与运动员一起离开比赛场地。

参考文献

1. 中国国家体育总局. 古典式、自由式摔跤 [M]. 北京：人民体育出版社，2000.

2. 胡玉玺，陈胜利. 中国式摔跤教程 [M]. 西安：西安交通大学出版社，2014.

3. 张霞，黄斌. 摔跤 [M]. 北京：知识出版社，1998.

4. 刘卫军. 摔跤 [M]. 北京：北京体育大学出版社，2000.